加藤 洋一

「高売れキャッチコピー」がスラスラ書ける本

同文舘出版

はじめに

安売り競争は大手にやらせておけ！

私はこう言いたいのです。

残念ながら、世の中の多くの経営者が、あまりにも安易に安売りをしています。本書を手に取っていただいているあなたが、小さな会社や店の経営者だとしたら、今すぐ安売り競争はやめていただきたいのです。

はっきり言います。

安売り競争に参加するのはバカのやることです。

この本を手に取った方は、安易に安売りをしないでください。安売りは、大手量販店にやらせておけばいいのです。

さて、本書は少し厳しいトーンではじまりましたが、気合いを入れるための書ではありません。きわめて合理的に、その商品が本来持っている価値を伝えるための具体的な方法、「価値を最大化して販売する方法＝利益を取る方法」をお伝えするのが、本書の役割なのです。

わかりやすくするために便宜上、キャッチコピーという言葉を使っていますが、はっきり言って、ただのキャッチコピーとは一緒にしていただきたくありません。もっとパワフルで必勝の技なのです。さらにすごいのは、ここでお伝えする**コピーの型を覚えるだけで、誰でも簡単にキャッチコピーをつくることができる**という点です。

その証拠を少しだけお伝えしましょう。本書でご説明する「高売れキャッチコピー」の書き方にしたがって完成されたキャッチコピーが叩き出した結果です。くわしくは3章で解説しますが、その一部をご紹介したいと思います。

・カット代が、ライバル店の133％高くても売れている美容室
・チェーン店より1・6倍も高いが、いつも売り切れになるピザ屋
・定価で売れている眼鏡小売店
・大手メーカーの2倍以上の価格帯でも大人気の酢
・オートバックスで50％引きのカーナビが、定価で売れるカーショップ
・市場価格より2倍高くても、見積依頼が絶えない業務用カッター

ともすると、安売り競争に走りがちな業界も含まれているかと思います。しかし、ここで紹介した事例では、安売り競争に参加するどころか、高値販売しても多くのお客様から支持され、なおかつ利益も出しているのです。

つまり、「高売れキャッチコピー」を使って大成功している会社や店ばかりなのです。どんな業界、商品・サービスかを問わず、この方法が活用できるのです。

かく言う私も、かつては安売りをしていました。以前、私はホームページ制作を請負う会社を経営していました。そのときは、安くしなければ売れないと考えていたため、

ずいぶん安い見積りを出していました。

ところが、結局そのやり方では経営はうまくいきませんでした。なぜなら、安くすると利益が出ないので、たくさん売ろうとその分無理をします。しかし無理をすると、社員の負担が増えるため、彼らのモチベーションは下がり、1人、2人と辞めていきました。

この会社は弟と共同で経営していましたが、そのうち弟との関係もギスギスしはじめ、結局弟とも袂を分かつことになってしまいました。利益が減り、スタッフも減り、首が回らなくなってくると、社長である私は、そのストレスを妻や家族に発散してあたり散らしていました。

幸いなことに、家庭崩壊の一歩寸前で、この状態を何とかしなければ先はないことに気づき、まさに、地獄の一歩手前で踏み留まることができたのです。

何に手をつけたかと言うと、まず自社のサービスであるホームページ制作という請負サービスの価値について考え直したのです。その価値を、わかりやすいキャッチコピーで伝えると、お客様に伝わるサービスの価値が最大化されたのです。

そうすると、「価値が伝わる→よいサービスが提供できる→スタッフのモチベーションが上がる→利益が残る」といったように善循環になりました。お客様に喜ばれ、社員一同も喜ぶという結果になったのです。

安売りは、大幅な市場シェアを取り、その分野、地域で圧倒的な売上げを誇る一番の会社や店だけが取る方法です（ただ、このやり方自体もうまくいかなくなりつつある）。

大手以外が、価格競争というレースに参加すること自体が苦難のはじまりなのです。

その他大勢の小さな会社や店が取り扱っている商品・サービスの場合、検討される価値が価格だけになるのは、絶対に避けなければなりません。

言い換えると、自社が提供している商品の価値が最大化できるお客様に販売するように心がけなければなりません。そうするためには、ターゲットのお客様が集まりやすくするための仕組みが必要です。そして、その第一歩が、「高売れキャッチコピー」なのです。

昨今のようにモノが溢れた成熟化社会では、このような考え方が重要になってきます。

安売り競争と「さよなら」しませんか？

安売り競争は大手にやらせておけ、と言いました。しかし、その本質は、無思考で安く売る前にやるべきことがある、ということです。多くの現場を見てきた経験から、高売れキャッチコピーは、小さな会社や店にこそ合っていると私は考えています。

本書を手に取っているあなたにお願いがあります。

まずは、今後は安売りをしないと約束してください。自分たちが愛してやまない商品を安く売るということは、自らの誇りを失うということです。本書を読んで、商売の価値を最大化していただきたい、と願っています。今こそ、商売人としての誇りを取り戻していただきたいのです。

用意はいいですか？　では、はじめましょう。

「高売れキャッチコピー」がスラスラ書ける本

CONTENTS

2章

高く売れるキャッチコピーとは？

3章 高売れキャッチコピーの成功事例

4章 高売れキャッチコピーの書き方6つのステップ

5章 高売れキャッチコピーをブラッシュアップさせる「10の型」

6章 もっと効果が出る！　高売れキャッチコピーの使い方

7章

たかがキャッチコピー、されどキャッチコピー

装丁／本文デザイン・ＤＴＰ　ジャパンスタイルデザイン（山本加奈・榎本明日香）

1章

キャッチコピーは書けばいいというものではない

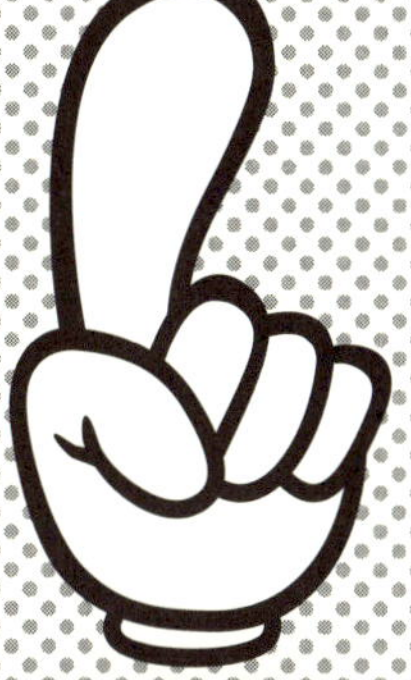

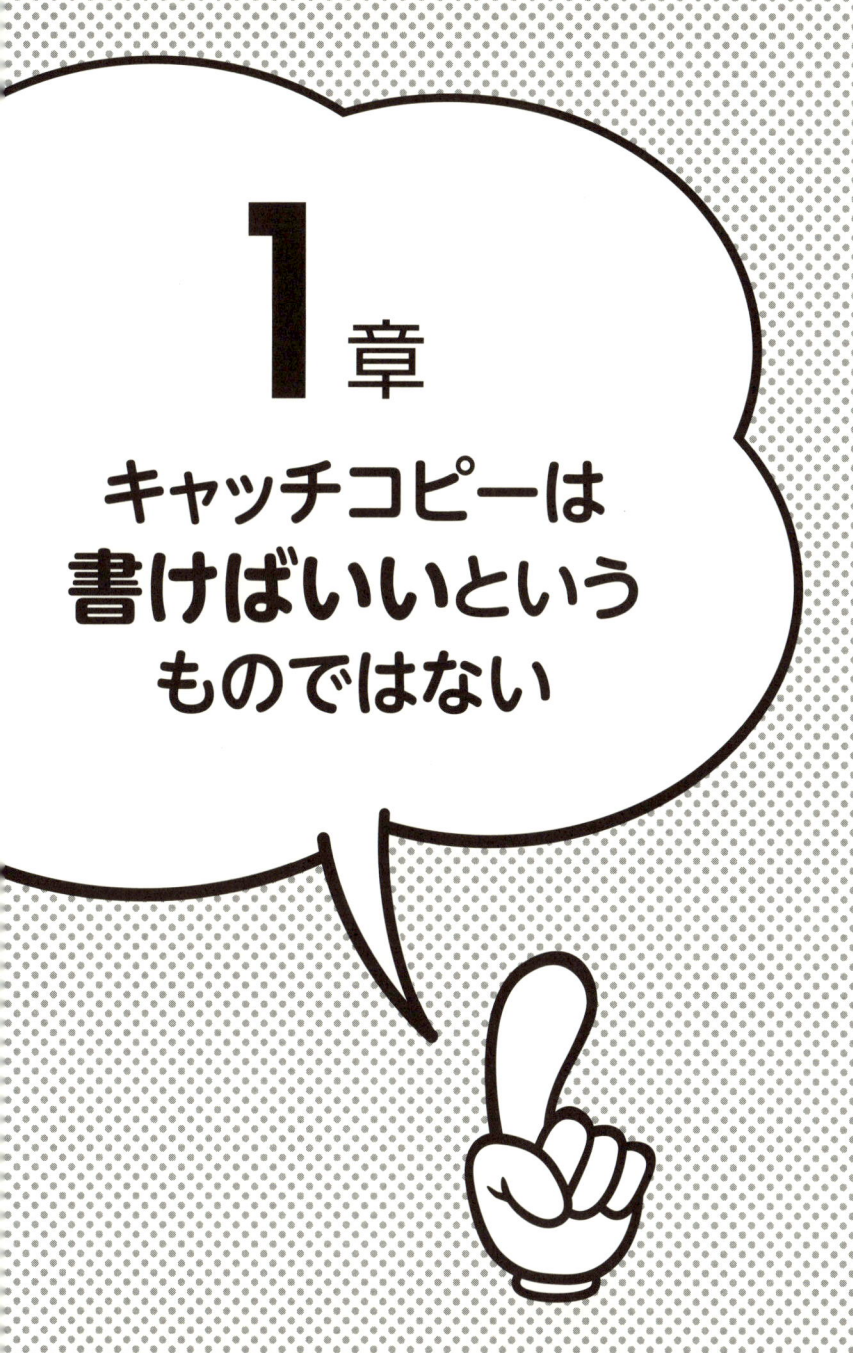

下手なキャッチコピーなら書かないほうがマシ

そもそも、キャッチコピーとは何なのでしょうか？　キャッチコピーとはその名のとおり、お客様の注意をキャッチし、購買にまでつなげるためのコピー（短い文章）です。お客様に商品を購入していただくためには、次のような流れをすべてクリアしなければなりません。

1.「ん!?　何!?」と注意を惹きつける
2.「へぇ～、これってこうなのね」と興味を持ってもらう
3.「ちょっと、これほしい」と欲望を持ってもらう
4.「この商品いいわね」と記憶してもらう
5.「これを購入しよう」と購買行動に移してもらう

世間一般のキャッチコピーとしての役割は、とくに1の「ん!? 何!?」から2の「へぇ〜、これってこうなのね」にあたる興味につなげる部分です。3以降は、キャッチコピー以外のパーツであるボディコピーやイラスト・写真など、その他の要素があります。具体的には、19ページの図をご覧ください。

下手なキャッチコピーでは、1の「ん!? 何!?」という注意を惹くことができないため、「へぇ〜、これってこうなのね」というところまでいかず、読み手の興味が断絶されてしまいます。

読み手の注意を惹くという、キャッチコピーとしての役割をはたすことができていないなら、その存在意義はありません。そんなものを書くのは時間のムダだし、チラシやDMもムダに終わってしまいます。

多くのムダを撒き散らすだけのキャッチコピーなら、書かないほうがましなのです。

この点は基本ですから、よく覚えておいてください。では、「ん!? 何!?」という注意は、どうやって起こせばいいのでしょうか？　また、次のステップである興味へどうつなげていけばいいのでしょうか？

実際に、以下の2つのキャッチコピーをご覧ください。本書を手に取っている方をターゲットとしたキャッチコピーです。

①キャッチコピーの作り方がわかる
②高売れキャッチコピーがスラスラ書ける

いかがでしょうか？　①のほうが「ん!? 何!?」という要素が大きかった、という方はいますか？　ほとんどの方は、②のほうが「ん!? 何!?」という要素が大きく、次の

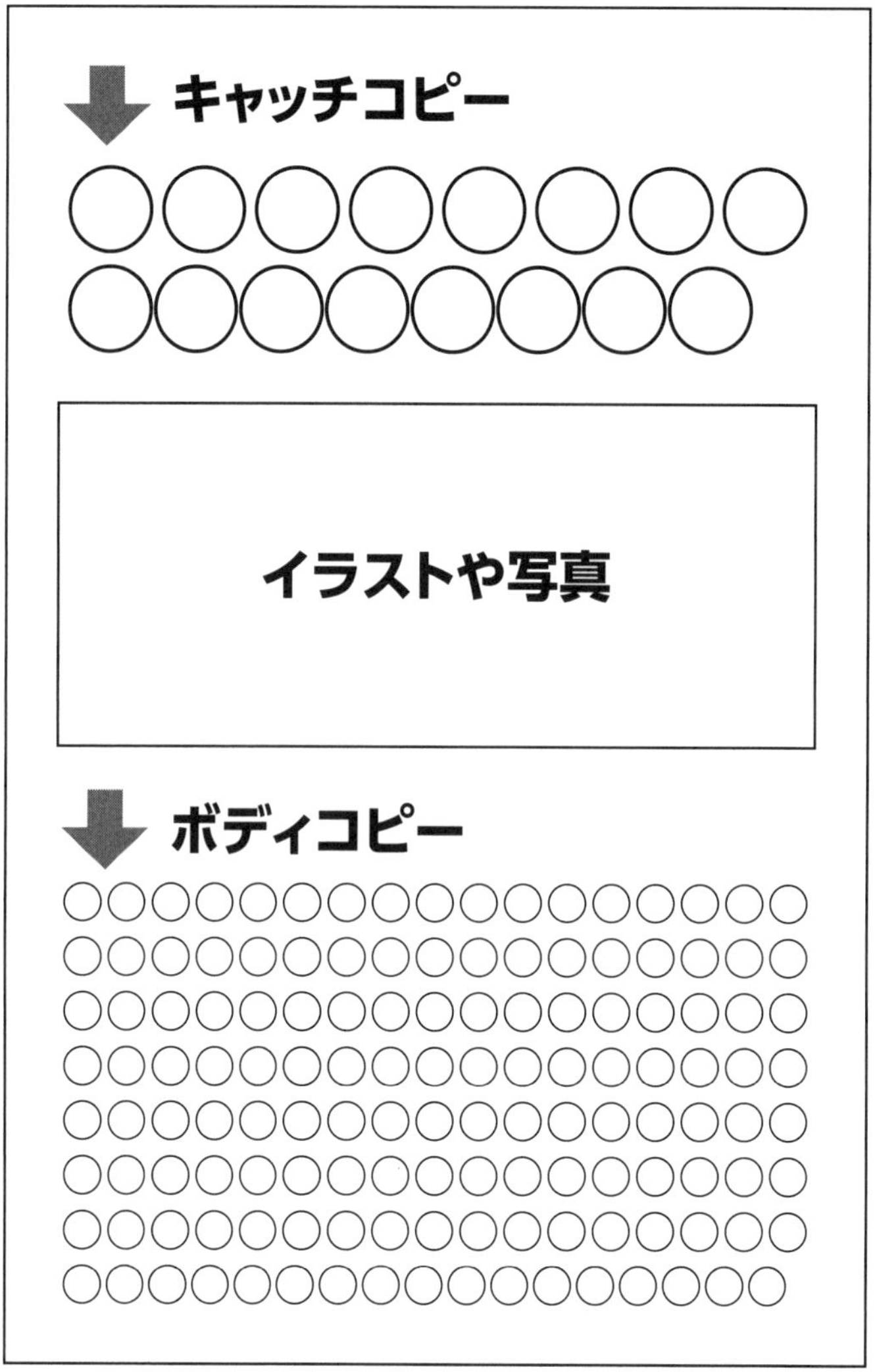
キャッチコピー
イラストや写真
ボディコピー

ステップの「へぇ〜、これってこうなのね」につながりやすいはずです。もうお気づきかと思いますが、②は本書のタイトルです。タイトルもある意味、キャッチコピーだと言えるでしょう。

①の、「ん!? 何!?」は、②に比べて少ないかもしれませんが、まったくないわけではありません。その理由は、本書を手に取っている時点で、キャッチコピーに興味があるはずだからです。

つまり、キャッチコピーという言葉に関心がある方がこの本を読んでいるということです。

ここからひとつ言えるのは、

「ん!? 何!?」を起こすためにはターゲットを決め、そのターゲットが関心のある言葉をキャッチコピーに入れるということです。

それでは、②はなぜ、さらに大きな「ん!? 何!?」を起こせたのでしょうか。ちなみに、最終段階である購買行動に移らせるには、この初期段階での「ん!? 何!?」が大きいほどいいでしょう。

「高売れ」とは私の造語ですが、市場にたくさん出回っているキャッチコピーの本は、「売上げが上がる」という切り口の本が少なくありません。ベストセラーになっている本もたくさんあります。しかし、高く売るためのキャッチコピーという切り口は、私の知る限りではありませんでした。

そこで、「高く売れる」ということが、この本ならではの特長を伝えていることになります。他の本にはない特長ですから、「ん!? 何!?」とか、「キャッチコピーで高く売れるってどういうこと?」と、興味につながりやすくなるのです。

もうひとつは、お客様は、別に商品を購入しているわけではなく、そこから得られるメリット=価値を購入している、というのも見逃してはならないポイントです。

①は、そのお客様にとってのメリットを「作り方がわかる」と伝えてはいますが、②は、さらに「スラスラ書ける」としています。キャッチコピーを書いた経験がある方な

らわかると思いますが、キャッチコピーを生み出すためには、ウンウン唸りながら考えるなど、かなりの努力が必要というイメージがあります。

これを、②は「簡単にできますよ」と言っているため、興味につながりやすくなっているのです。

従来型のキャッチコピーでは、商品価値が伝わるわけがない

従来型のキャッチコピーには、他にも問題があります。①の「うん!? 何!?」（注意を惹く）というところにフォーカスするあまり、最終的な購買につなげるための「商品の価値観」の訴求については、キャッチコピー以外のボディコピーで行なっていました。

しかし、情報が氾濫している時代ですから、そんなに悠長にボディコピーを読んでくれるお客様はなかなかいません。もう少し厳しい言い方をすると、お客様は、

何が言いたいんだ！　こっちは忙しいんだ

と考えていると思ってください。この世の中、商品が溢れています。自分にとって価値のないものと判断された時点で、広告やキャッチコピーは読んでもらうことができな

いのです。

それならば、キャッチコピーを読むという段階で、商品の価値を伝えてしまったほうが、後の段階（購買）につなげるのも楽なはずです。

では、先ほどのキャッチコピーの事例でくわしくご説明しましょう。

①「キャッチコピーの作り方がわかる」は、まるで価値がないというわけではありません。キャッチコピーの作り方がわかるというのは、ひとつの価値です。

しかし、ここで問題なのは、相対的な価値として見るとどうなるか、ということです。どの業界でも商品が溢れています。このような成熟市場では、似たような商品が数多く出回っています。

試しに、キャッチコピーの本を仮定して実際に調べてみましょう。Amazonで、「キャッチコピー　作り方」と入力して検索してみましょう。

出ました、34件も。まさに、この言葉を含むタイトルの書籍も数冊ヒットしました。

ベストセラーになっている本もあります。本はその市場の性質上、価格競争は起こりませんが、他業界で競合が多い商品だったら、安く売るという方策しかないかもしれません。

では、②の「高売れキャッチコピーがスラスラ書ける」の場合はどうでしょうか。従来型の、キャッチコピーが作れるという価値も含んでいますが、商品が高く売れるという価値を提供しているのが伝わっているはずです。

これも、Ａｍａｚｏｎで検索してみましょう。

たとえば、「高く　売れる」で検索してみると何冊も出てきます。内容は、セールスの本だったり、会社を高く売却するためのＭ＆Ａの本だったり、マーケティング系の本が多いようです。

では、さらに「高く　売れる　キャッチコピー」まで絞り込んでみましょう。高く売れるためのキャッチコピーという検索では、検索結果はゼロでした。

つまり、この価値を提供している、もしくはこの価値を伝えている本は存在しない、ということがわかります。

このことから、②の「高売れキャッチコピーがスラスラ書ける」は、その商品ならではの**特長が伝わるということになります。それを伝えると、相対的な価値が上がります。**

価値が上がれば……もうおわかりですね。

安売りしなくても売れる確率が上がるのです。

このように、他の似たような商品が提供できていない特長や、提供していても伝えていない特長を探し出して、キャッチコピーにして伝えると、価値がより大きくなるのです。

自社で扱っている商品に「特長なんてないよ！」と思っている方も、本書をお読みいただければ、必ず特長が発見できるようになります。

「売れればいい」という時代ではない

さて、高売れキャッチコピーをくわしく説明していく前に、本書を書かせていただいている背景を少しだけお話しさせてください。

本書では、キャッチコピーのＨｏｗｔｏを書いています。私は、クライアントの業績を上げるコンサルタントですから、さまざまな業界を見させていただいています。そこで、常々感じていることがあります。

大きな企業には、ときに利益を度外視して、必ず達成しなければならない売上目標とか、銀行融資を受けるために、これだけ売上げを上げなければならないという考え方があります。それは間違ったことではありません。

しかし、小さな会社や店の場合は、必ずしもそうではありません。売上げよりも利益を重視すべきですが、なかなかうまくいっていないケースが多いようです。その証拠に、売上げはそこそこ上がっているもののまったく儲かっていない、という会社をよく見かけます。

会社にとっての適切な利益を確保できないと、その会社で働いている社員に、満足な給料を払うことができなくなるかもしれません。また、取引している業者に仕事を供給し続けることができなくなってしまうかもしれません。さらに、下請け業者の価格を叩くことにもなりかねません。

もし、そんなことを続けていったとしたら、いったいどうなってしまうでしょうか?

あなたの会社に関わる人たちを不幸にしてしまうことになります。

そして最悪の場合、会社が潰れてしまったとしたら、お客様にも迷惑をかけてしまうことになってしまいます。

ましてや、少子高齢時代に突入している現代ですから、今後ますます、どの業界においても市場（パイ）が小さくなっていくことが予想されます。

このように、市場自体が小さく縮んでいく成熟業界では、

目先の売上げよりも、自社が提供している商品に価値を感じてくれて、末永くお付き合いしていただけるお客様を選んでいく

という考え方が重要になってきています。

どうか、自社に関わる人たちを幸せにしてください

自社に関わるすべての人を幸せにするためには、適切な利益を上げることが重要です。

私はここで、理想論を説きたいわけではありません。講釈だけでは人は動かないことを知っているからです。ですから、誰にでもすぐに取り組めて実行しやすい実践的なノウハウを、本書でお伝えしようと思います。

売上至上主義より利益至上主義

これからは、売上げを追うということはやめて、利益重視という考え方をしてください。何も「暴利を貪れ」ということではありません。自社の商品が、いったいどのような価値をお客様に提供しているのか、その価値を、どうやって市場に伝えればいいのか、そして、どのようにしてその価値を最大化できる会社や店にしていくのか――そういったことを考えるためのツールとして、高売れキャッチコピーを考えていただきたいのです。

高売れキャッチコピーを使っていくうちに、適切な利益が取れるようになっていくはずです。

その第一歩が、冒頭で申し上げたとおり、安売り競争をやめる、と決意することです。

まずは、**利益を上げることを重視する**という考え方に、シフトチェンジしてください。そして、高く売れる可能性を上げるキャッチコピーを考えていただきたいのです。キャッチコピーづくりは、頭を使うだけですから経費はかかりません。私たちが提供している商品は、「どんな価値を提供できているのか？」ということを、真剣に考えるのです。

小さな会社や店の強みは、すぐに取りかかれること、つまりフットワークの軽さです。これが、大手には真似のできないことと言ってもいいでしょう。

大企業は、図体のでかい恐竜のようなものです。わかっていても、考え方を組織全体に浸透させることは容易なことではありません。

しかし、この本を読んでくださっている小さな会社や店の方なら、明日からでも考え方は変えられるし実践もできるはずです。つまり、ある意味チャンスなのです。いや、今ここで考え方を変えなければ、生き残ることすらできないでしょう。

しかし、なかなか考えを変えない方がいるのも事実です。とくに警鐘を鳴らしたいのが、バブル時代を経験した方々です。私は、バブル時代を経験したことはありません。社会に出た頃には、すでにバブルは弾けていて、「就職氷河期」、「モノが売れない」というのが当たり前の時代でした。

ですから、セールスマンのときもモノを売っていたわけではありません。その**「モノ」が提供する「価値」を売っていた**のです。そうしなければ、売れない時代だったからです。今後ますます、このような傾向は強まっていくことでしょう。

利益を上げるためには、いかに「価値」を伝えるかが重要になります。

その価値を伝える手段が、高売れキャッチコピーなのです。当時の私は、この手法を知りませんでしたが、もし知っていたとしたら必ずセールス用の資料に使っていたと思います。

人間とは、過去の成功体験があると、なかなか変化できないものです。「バブル時代」を体験した方がよく口にするように、**「いつかは景気がよくなる」**とか、**「景気が悪いから、○○なんだ」**といった甘い考えは持つべきではありません。そんなことは、間違っても起こらないし、環境のせいにしても何も変わりません。

変えられるのはあなたの考え方だけなのです。

過去2回のオリンピックで金メダルを取った偉大なアスリート北島康介選手が、3回目にチャレンジする姿勢に、私は感動しました。

「過去の成功体験はすべて捨てる！　一からやり直す」と言って、コーチまで替えました。そして、自らが金メダルを取った泳ぎ方についても根本から捨てました。

「過去の成功体験を捨て去ることができる北島選手はすごい」と思うのと同時に、この人だったら、3大会連続で金メダルを取るだろうと思ったものです。ぜひ、本書を読んでいるあなたも、ご自身の商売上での金メダルを手にしてください。

商売人は利益を上げてナンボ

もう少しだけ、キャッチコピーとは別の話をさせてください。そもそも、経営とは何なのでしょうか？　現在のような変革期を乗り越えるためには、本質的な考え方に戻ることが重要だと感じています。そもそも経営とは、**付加価値を作ること**だと思います。付加価値を作れなければ、利益を上げることはできません。

江戸時代の商人に会ったことはありませんが、書物などから感じる粋な商売人は、知恵を絞って付加価値を作ることに長けた方が多かった、と感じます。

安売り競争は、価値を最小化する行為です。付加価値を作らなければ、誰にでもできます。小学生にだってできるでしょう。誰にでもできるということは、安売り競争は、自分自身の商人としての誇りを傷つけているのと同じです。

安く売って疲弊している人の顔つきは、正直言ってあまりいいものではありません。その理由はわかっています。

安売りすることは、自らの存在意義を否定する行為に他ならないからです。

つまり、安売りをしていると、自分自身の幸せから遠ざかるということなのです。ですから、自分の誇りを傷つける結果、周りの人の誇りも傷つける、ということになるのです。

ですから、昔の商人がそうだったように、付加価値を作るという考え方を、今一度取り戻していただきたいのです。そのための第一歩が、「高売れキャッチコピー」なのです。

2章

高く売れるキャッチコピーとは?

利益を出すためのキャッチコピーの考え方

まず、「高売れキャッチコピー」を書くために肝に銘じておいていただきたいことは、「商品には必ず生まれてきた理由があり、社会の誰かの役に立つ」と信じることです。

そして、それを伝える言葉が持っている力を信じるのです。「言霊」という言葉があるように、力強い言葉でその商品の存在意義が語られるとき、その商品が本来持っている付加価値は最大化します。この点を見逃しているため、ただ安く売るだけという安易な手段に走ってしまうのです。

商品の存在を全肯定し、社会に役立つと信じてください。それを、少しだけお客様にわかりやすく伝えるのです。

このように思えない商品なら、

あなたは、その商品を売るのをやめたほうがいいでしょう。

モノが、ありふれたものになる前の成長時代ならよかったのかもしれません。しかしこれからは、お客様をナメていてはいけません。売る本人が、肯定することができない商品を、いったい誰が買ってくれるというのでしょうか？　そういった考え方は、お客様にすぐに見抜かれてしまうでしょう。

ですから、商品の存在を肯定し、その商品の存在が最大限活かされるような力強い言葉を紡ぎ出していくのです。

高く売るための図を理解せよ

この項は理屈です。私なりの経験則に基づいた理屈を、次に示しました。高売れキャッチコピーをしばらく書き続けていると、「あぁ～、加藤が言っていたことはこれか」と、ストンと腹に落ちるときが来ることでしょう。

次ページの図は、「4つの価格」と「4つのゾーン」を表わしています。

価格には、見えないところに「4つの価格」と「4つのゾーン」があり、それらが織りなす範囲で購買が成立しています。まずは、「4つの価格」があることを覚えておいてください。そして、ご自分の商売においての、①～④に見合う「4つの価格」を記入してください。では、くわしくご説明しましょう。

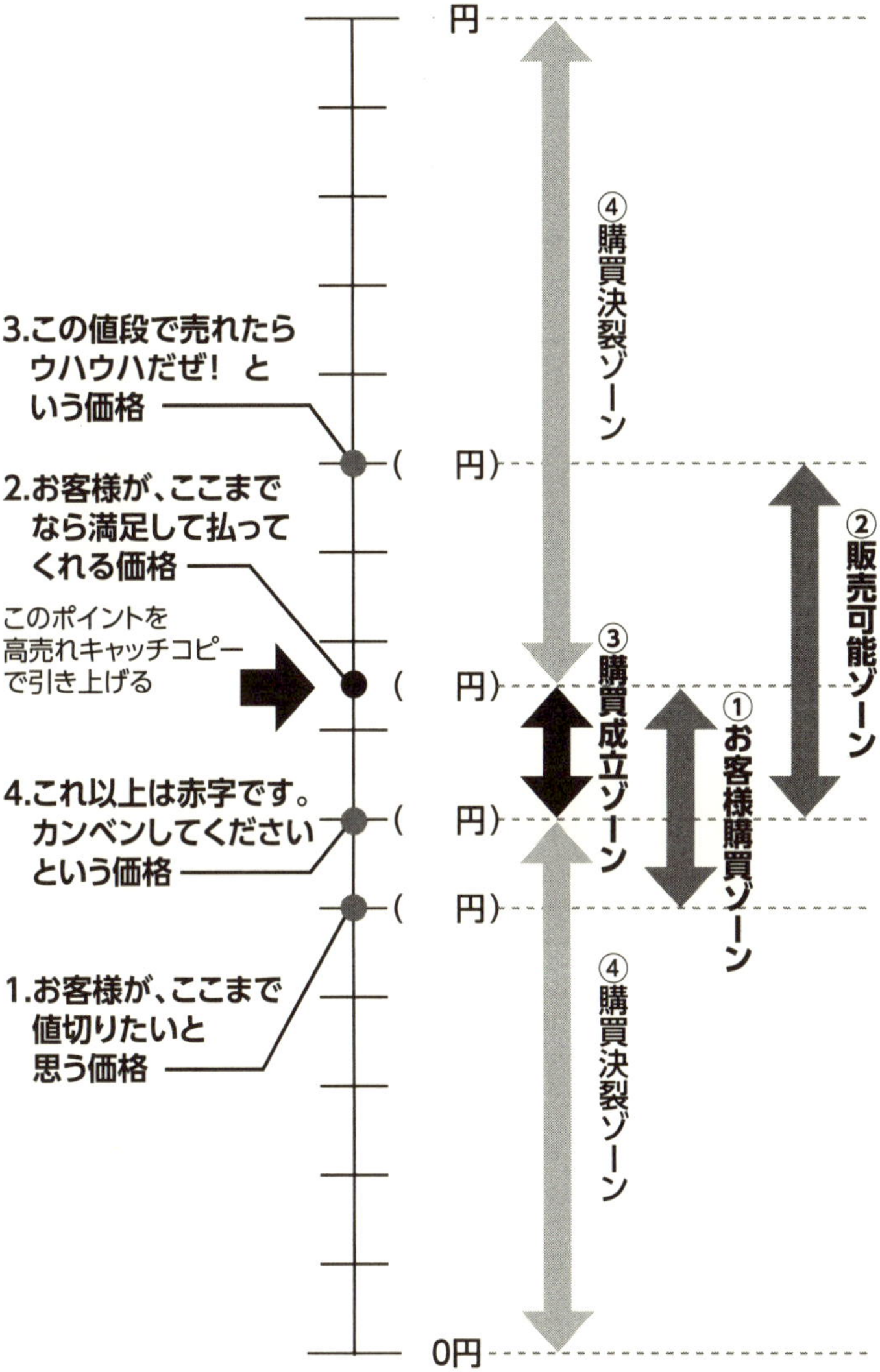
円
(　　円)
(　　円)
(　　円)
(　　円)
0円
3.この値段で売れたらウハウハだぜ！ という価格
2.お客様が、ここまでなら満足して払ってくれる価格
このポイントを高売れキャッチコピーで引き上げる
4.これ以上は赤字です。カンベンしてくださいという価格
1.お客様が、ここまで値切りたいと思う価格
④購買決裂ゾーン
②販売可能ゾーン
③購買成立ゾーン
①お客様購買ゾーン
④購買決裂ゾーン

1．お客様が、ここまで値切りたいと思う価格

お客様が購入を希望する価格です。安ければ安いほどよい、という傾向はありますが、価値観は感情や比較対象するものによって決まる傾向があります。逆に安すぎる場合には、「品質に何かあるのではないか」と感じることがあります。

2．お客様が、ここまでなら満足して払ってくれる価格

お客様が商品に対して、「これ以上高いと購買しない」という価格です。ここを見つけ出すことが、最も重要となります。価値観をしっかりと伝えることで、この価格を引き上げることが可能となります。

3．この値段で売れたらウハウハだぜ！　という価格

販売側が希望する価格です。近年では、この価格自体を低く抑えている会社や店が増えました。

4．これ以上は赤字です。カンベンしてくださいという価格

この販売価格以下では売らないというポイントです。これを決めずに、安売りしているケースが多く見られます。価格の設定が周辺の業務にどのような影響を与えるのかまでを、粗利ベースで検討して線引きをしておかないと、安売り競争という悪循環に陥っていく可能性が高くなります。

いかがでしたか？　ほとんどの方が、このような価格を意識して商売に取り組んではいません。

あなたの商品を販売するにあたって、この４つの価格を意識してみてください。

現在、どの価格帯で販売しているかを考えるだけで、今後、利益が増える値付をするために役立つはずです。

4つの取引ゾーンとは？

次に、「4つの価格」が形成する「4つのゾーン」があります。これを意識することで、安売り競争から脱出するための発想が生まれてきます。

①お客様購買ゾーン

お客様が購買する範囲です。つまり、「お客様が、ここまでなら満足して払ってくれる価格」～「お客様が、ここまで値切りたいと思う価格」までの間を指します。

②販売可能ゾーン

これは販売する範囲です。つまり、「この値段で売れたらウハウハだぜ！　という価格」～「これ以上は赤字です。カンベンしてくださいという価格」までを指します。

③購買成立ゾーン

お客様購買ゾーンと販売可能ゾーンが交わる範囲です。価格に関して、合意する範囲を指します。

④購買決裂ゾーン

お客様の購買成立ゾーン以外を指します。

勘のいい方は、すでにお気づきかもしれません。

そうです、世の中の多くの経営者が、「お客様が、ここまで値切りたいと思う価格」が下がっていく傾向にあると感じ、**自ら、「お客様が、ここまでなら満足して払ってくれる価格」を引き下げてしまっている**のです。

これは、たいへんもったいないことです。本来、対価としていただくべき利益を自らが削ってしまっているからです。

あなたが値上げをできない理由

商売人の仕事は本来、「お客様が、ここまでなら満足して払ってくれる価格」を見つけ出すことです。実はこれって、誰にでもできる簡単なやり方があるのです。

それは、開き直ることです。

この「お客様が、ここまでなら満足して払ってくれる価格」さえわかれば、何のことはありません。単純にそこまで値上げをすれば、それだけで利益は倍増です。

「そう簡単にはいかないよ」と思われるかもしれませんが、実際には可能なケースが多いのです。では、具体的なケースでご説明しましょう。

私の母は、和食店を経営していました。私も経営者の一人であったため、ブランドづくりやマーケティングを手伝っていました。その頃に受けた相談でいい例があります。平成15年に消費税法の改正があり、事業者の消費税を納めなければならない売上額が引下げられたのです。このため、従来は免税だった消費税を支払う義務が生じ、母は今まで4000円で売っていたコース料理の消費税分を内税にするか外税にするかで悩んでいたのです。内税にした場合は、当然のことながら利益を圧迫してしまいます。ですから、あるとき開き直って外税扱いの4200円にしました。

そうしたところ、「お客様の流出」はゼロでした。「なぁ〜んだ、こんなことだったら、もっと早く値上げしておけばよかった」と母は言いました。

「いや、ずいぶん前から、それをアドバイスしていたんだけど……」と、私は思わず突っ込んでしまいました。このことからわかるのは、高売れキャッチコピーはなくても、5%値上げに成功した事実です。

このようなケースは、他にもあるはずです。この本を読んで「よーし、俺も」と思った方は、ぜひ開き直ってみることをおすすめします。意外にも、値上げは通るものなのです。

とはいえ、商売をしている方にとって、お客様の流出に不安があることは痛いほどわかります。開き直れと言われても、すぐに実行できる人ばかりではないでしょう。そんなときに、リスクを極力取り除いてくれるのが、本書で述べる「高売れキャッチコピー」なのです。

もうお気づきでしょうか？　「高売れキャッチコピー」を使うことで、

本来の価格、つまり「お客様が、ここまでなら満足して払ってくれる価格」に戻す

あるいは、

「お客様が、ここまでなら満足して払ってくれる価格」そのものを引き上げる

ことができるのです。

ここで、「いったいどれくらいの値上げができるのか?」という疑問が湧くかと思います。

商品やライバルとの関係といったさまざまな要素が複雑に絡み合うため、ここまで値上げができると断定することはできません。しかし、経験から申し上げると、5~20%は値上げできると思います。

この範囲内までが「お客様が、ここまでなら満足して払ってくれる価格」というケースが多いのです。

もし、あなたが値上げをしたいのであれば、高売れキャッチコピーを使って、商品の価値をきっちり伝えてください。そうすれば値上げは可能なのです。

……とはいえ、いきなり値上げしろと言われてもむずかしいはずです。まずは、あなたが扱っている商品を一つピックアップしてみてください。その商品の高売れキャッチコピーを伝えると同時に、5%値上げしてみましょう。かなりの確率で成功するはずです。

「奈良の鹿の法則」で高く売れる可能性90％アップ

ここでもうひとつだけ、「お客様が、ここまでなら満足して払ってくれる価格」を引き上げるために必要な図をご覧ください。

次ページの図が示すように、「お客様が感じる価値」というのは、次の2つに分けることができます（実際には2つではないが、本書ではわかりやすくするために2つにまとめている）。お客様の流出を防ぎながら、「お客様が、ここまでなら満足して払ってくれる価格」を引き上げるには、商品が与える「お客様が感じる価値」を引き上げなければなりません。

そのためには、「お客様のメリット」を伝える必要があります。お客様は、商品そのものを購入しているだけではなく、そこから得られるメリットも購入しているからです。

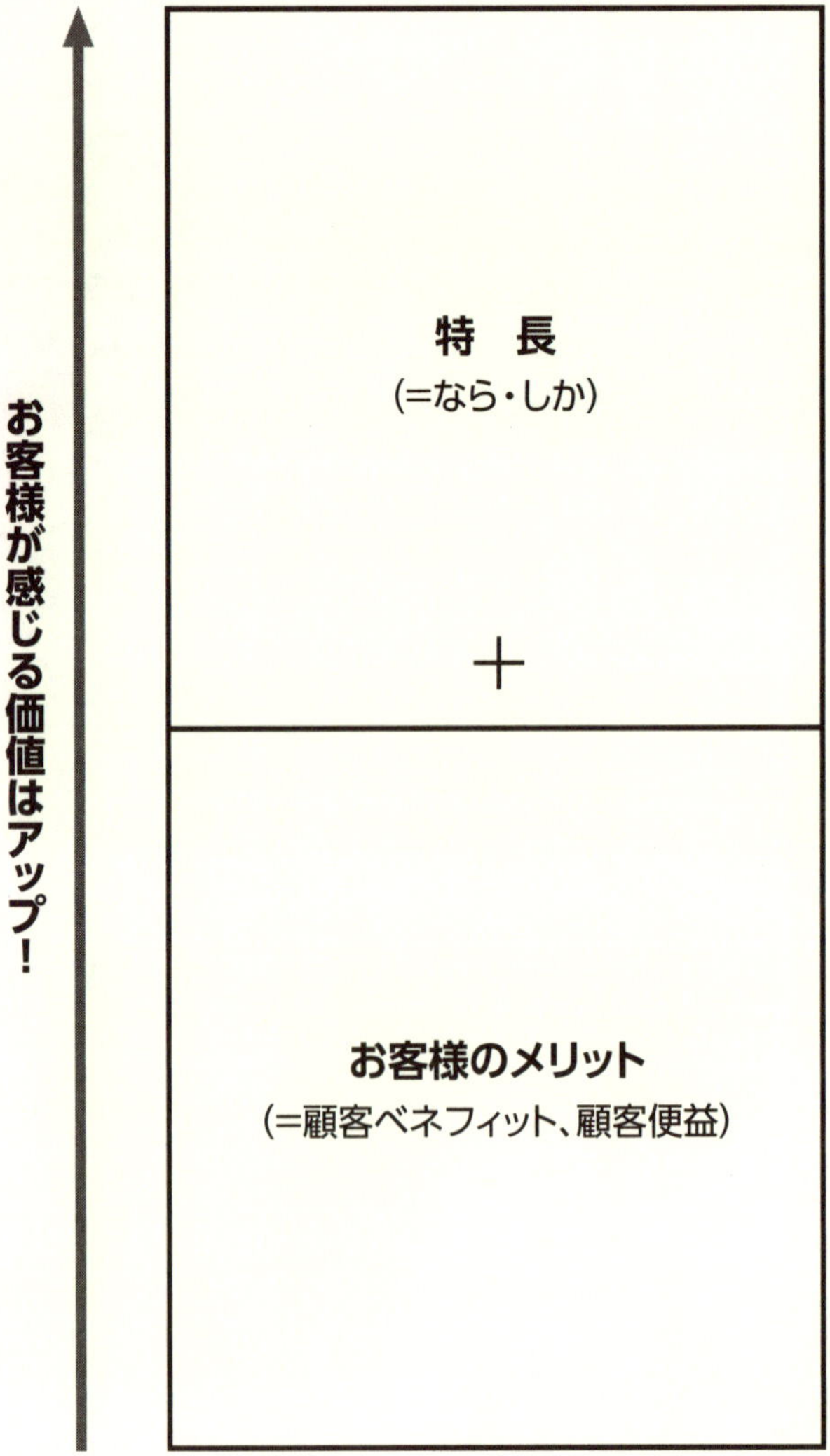
お客様が感じる価値はアップ！
特　長
(=なら・しか)
＋
お客様のメリット
(=顧客ベネフィット、顧客便益)

売り方のノウハウをアドバイスする書籍などで、「顧客ベネフィット」とか、「顧客便益」と呼んでいるものです。それを本書では、わかりやすく「お客様のメリット」としておきます。

このお客様のメリットを、キャッチコピーで伝えましょう、ということは、他の書籍でもいろいろと指南されています。この手のキャッチコピーは、すでにたくさん出回っています。そのため、どれも似たようなお客様メリットの提示になってしまい、お客様が感じる価値をうまく引き上げることができないのです。

では、「高売れキャッチコピー」が、どのようにして「お客様が感じる価値」を引き上げるのかというと、図の「特長」をキャッチコピーで表現するのです。その特長の中でも、**商品が持っている「なら」とか「しか」をできるだけ多く探し出し、キャッチコピーに含めて訴える**のです。

○○ならではの特長
○○しか提供できない特長

こういった特長を見つけ出して伝えてほしいのです。

4章「高売れキャッチコピーの書き方6つのステップ」で実際に特長を書き出していくステップがあります。その際、できるだけその商品が持っている「なら」とか「しか」を意識するといいでしょう。これが、お客様が感じる価値を引き上げる「奈良の鹿の法則」なのです。

奈良の鹿の法則

なら・しかの特長＋お客様のメリット＝お客様の感じる価値大

「商品とお客様の結婚」で高く売る

もう少し、52ページの図をわかりやすくご説明しましょう。

私はクライアントに、「高売れキャッチコピー」をこのように説明しています。

高売れコピーをつくること＝商品の特長とお客様メリットの結婚

商品には生まれてきた背景があり、生産する人々に一所懸命育ててもらって、お客様の元に旅立っていきます。その様子は、さながら嫁に行く娘のようなものです。

人間に個性があるように、商品にも、必ずと言っていいほど、個性（その商品ならで

は の特長）があるはずです。その特長が、これから出会うはずの大切なお客様にメリットとなって提供されることになります。

また、それでこそ、その商品は活かされるのであり、その商品に携わった人々もきっと祝福してくれるはずです。

もちろん、そんな手塩にかけて育てられた商品をご購入くださったお客様も、きっと喜んでくれることでしょう。

送り出す側としては、お客様が結婚してくれるように〝お膳立て〟しなければなりません。お膳立てとはもちろん、高売れキャッチコピーで、商品の特長を訴えることです。

一目惚れさせる高売れキャッチコピー

秀逸な「高売れキャッチコピー」を継続して発信し続けていくと、多くのお客様から「買わせてください！」と言われる人気商品になります。これはいわゆるブランドができたという状態です。

商品の持っている個性が多くのお客様に好かれ、ファンがたくさんできます。タレントにたとえるとわかりやすいでしょう。あなたの好きなタレントには個性があるはずです。そして、そのタレントを好きでたまらなくなると「結婚したい」とも思えるくらいになるはずです。

このように高売れキャッチコピーは、ブランドづくりにも重要な役割をはたします。

ブランドづくりの詳細は拙著『小さな会社がNo．1になれるコア・ブランド戦略』（PHP研究所）をお読みください。

この本を読んでいるあなたは、この段階に行く一歩手前と言えるでしょう。まずは、多くのお客様に「一目惚れ」させなければなりません。

高売れキャッチコピーを言葉で表現すると、こんな感じになると思います。

私にはこんな個性があります。そしてあなたをこんなことで喜ばせることができます。

秀逸な高売れキャッチコピーを創り出すことによって、多くのお客様に一目惚れしてもらい、結婚＝購入してもらえるようにしましょう。

高売れキャッチコピーのルーツは、“広告大国アメリカ究極の技法”にあり

この章の最後に、高売れキャッチコピーが生まれた背景をご説明しておきましょう。

この高売れキャッチコピーという造語のベースは、「ＵＳＰ（Unique Selling Proposition）」です。このＵＳＰは、広告大国のアメリカで、１９６０年代にロッサー・リーブスという広告の大家によってまとめられたものです。

私の会社の社名は、このＵＳＰから取っています。そして、私はこの専門家でもあるのです。

リーブスの有名なキャンペーンは数多くありますが、われわれ日本人にもよく知られたものとしては、

「お口でとろけて、手にとけない」

という、M&M'Sチョコレート社のコピーが有名です。このキャッチコピーに、聞き覚えはないでしょうか。

このような、数々のキャンペーンを成功させてきたリーブスですが、その成功する広告の原理原則をまとめたものが、「USP」なのです。この原則は太平洋を渡り、日本の大手広告代理店にも伝わったと言います。

現在も、広告マンがその考え方を使っているかどうかはわかりませんが、普遍的な原理原則であるため、時代が変わっても色あせることはありません。私はその原書を読み解き、中小企業にも応用しやすいように、処女作として『御社の売上を増大させるUSPマーケティング』(アスカ・エフ・プロダクツ)としてまとめ、多くの小さな会社や店に成功をもたらしてきました。ただ残念なことに、「USP」という言葉自体を知らない方が少なくないのです。

ある地方にセミナーに行ったときのことでした。

「この中で、USPという言葉を知っている方は手を挙げていただけませんか?」とたずねたところ、30名の参加者の中で手を挙げた人は0人でした。

専門的なマーケティング用語なので、ある程度は覚悟していましたが、「私が広める!」と意気込んでいただけに、少しショックだったことをおぼえています。

そこで、私は同書を書くことを決意したのです。同書は、USPの原理原則の流れを汲んでいます。USPは、どちらかというと売上増大に効きますが、安売り競争からの脱却にも効きます。

本書では、安売り競争から脱出するという点にフォーカスし、それを初心者の方にもわかりやすく成果を上げやすいように、できるだけ平易にご説明していきます。

3章

高売れ
キャッチコピーの
成功事例

他の業界の事例を参考にする場合は、その業界の背景を知る必要があります。本章の事例には、その背景についてもできるだけわかりやすくコンパクトにまとめてあるので、より高売れキャッチコピーへの理解が深まることと思います。

では、順番にご紹介していきましょう。

●20%値上げして、1・2倍売れた食品通販

200m手延べ麺だから のどごし最高です。

この商品は、愛知県安城市にある、和泉という地域の製麺メーカーのものです。ここでは主に、「そうめん」や「ひやむぎ」を取り扱っていますが、他の産地のものとは違い、特別な地域ブランドはありませんでした。すべて、昔ながらの工程で生産していたため、生産量には限界があり、そのほとんどをお客様に通販で販売していました。

何年か前に、小麦の価格が高騰したことがありました。その際、原価が利益を圧迫するため、どうしても値上げせざるを得ない状況になりました。しかし、

ただ値上げをしただけでは、現在のお客様が流出してしまうのではないか？

と、ごく当然の心理が働きました。だからと言って、このまま生産を続けていくと、利益を圧迫するどころか赤字になってしまい、最終的にはお客様に迷惑をおかけするのではないか、と感じたと言います。

そこで、高売れキャッチコピーを検討し、特長を的確に表現しながら値上げを実施することにしました。

コピーを検討するにあたって、通販の既存のお客様にアンケートを実施しました。そのアンケート結果の中から「お客様メリット」の候補がいくつか出てきましたが、「のどごしがよい」が最も多かったそうです。

特長は、この産地に何百年も前から続く手延べ麺の製法にありました。麺のコシを出すために、何度も繰り返し延ばしたものは長さ２００ｍを越える１本の麺となります。それを天日干しするのです。

この特長とお客様メリットを、高売れキャッチコピーとして打ち出したところ、値上げしたにもかかわらず、DMから得られた反応数は1・2倍以上になりました。それ以来、この特長を知らなかったお客様の口コミも増えたのです。また、口コミからTVにも取材されてブレイクしています。

勝因は、お客様アンケートにより今まで気づかなかった「お客様のメリット」を見つけ出したこと、特長をわかりやすく伝えたことと言えます。

これらの価値を伝えることによって、値上げしたにもかかわらず、ほとんどのお客様が流出することはありませんでした。さらには、いつもDMを送っても反応しなかったお客様が反応したのです。

●楽天で2倍高くても一番売れている子供食器

子供食器ランキング1位 世界にひとつだけのオリジナル食器「名入れ子供食器」

この食器を販売しているのは、「せともの」で有名な愛知県瀬戸市の窯元です。陶器は、価格競争が熾烈な業界です。通常、窯元では製造した陶器を流通に卸しますが、利益が取りにくく、卸だけでは厳しい状態が続いていました。そこで、自社で作った陶器を楽天市場のネットショップで直接販売することにしました。

しかし、ただ作って楽天に掲載したところで、売れるわけがありません。**似たような陶器を販売している店は、掃いて捨てるほどあるからです。**

そこで同社では、陶器は壊れやすいという理由で子供向けには敬遠されている弱みを逆手に取ることにしました。さらに、プラスチックにはない自然素材であるという〝強み〟を、〝食育によい〟という切り口で子供用に開発したのです。

この食器のコンセプトは、「のっぽのポノ」というキリンのオリジナルキャラクターが、「ごちそうさまの旅」をするというもので、陶器には、「ポノ」と仲間のキャラクターの物語が描かれています。

「ごはんを残さず食べよう」、「いただきます、ごちそうさまをきちんと言おう」を教育するために、ごはん茶碗の底に「ごちそうさま」の文字が書かれています。

土から作った自然のものを壊さないように、その陶器に子供の名前を入れるサービスを提供し、「ものを大事にする心」を教える陶器になっているのです。この開発コンセプトにより、特長＝「名入れサービスがあることから世界にひとつだけ」、お客様のメリット＝「オリジナルの食器を手に入れられる」となります。

それらをストレートに、高売れキャッチコピーとしてショップ内で打ち出しました。

そのかいあって、楽天内で子供食器のセットを販売しているショップが、2000円程度のものを取り扱っていることが多い中、平均客単価が5000円と高額であるにもかかわらず、子供食器のランキングで1位を取るほどの商品になっています。

その後、ランキング1位を取ったことを高売れキャッチコピーに追加しました。このキャッチコピーを楽天ショップのトップページに設置することで、多くのお客様を購入させる原動力となりました。

こういった高売れキャッチコピーのブラッシュアップの繰返しが、さらなる善循環を生み出し、**ランキング1位の常連になっています。**

●安売り合戦に巻き込まれなくなったソフトウェア販売会社

超特急仕上げ！　素人でも新規20分、修正5分で申請書一式から見積書まで書けるようになります。

このソフトメーカーでは、建築に必要なＣＡＤ図面を描くソフトを開発しています。さまざまなＣＡＤソフトの中でも、水道局に申請するための、水道管が簡単に描けるＣＡＤソフトに特化しています。

特長は、素人でもお絵描き感覚で申請用のＣＡＤ図面が描けるという操作性にありました。お客様はとにかく簡単に描けるというメリットを感じていたため、十分な実績があったのです。

しかし、ライバルメーカーが似たようなソフトを開発し、販売攻勢を仕掛けてきました。しかも、その価格をどんどん安くしてくるのです。こうした値下げ競争に付き合っていると、本来得られるはずの利益はどんどん失われていってしまいます。しだいに、営業マンの訴求する価値のポイントが価格だけになってしまい、その結果、**値引き合戦の安売り競争という悪循環に陥ってしまったのです。**

そこで、高売れキャッチコピーを検討しました。お客様メリットを少しひねり、本来持ち合わせていた特長である「簡単さ」を深堀りした結果、「簡単だからこそ、圧倒的に時間が短縮できる」という、別のメリットが浮かび上がってきました。

このような切り口は、他のメーカーでもまだ言っていないもので、どこも、「うちのソフトは簡単」というものばかりでした。

具体的には、申請書類の作成が速くなると、いかに人件費面で有利になるか、ということをわかりやすく打ち出していったのです。たとえば、ホームページからデモンストレーションの依頼があったお客様には、デモンストレーション後の商品説明で、高売れキャッチコピーにあった「修正5分」というところと、他社が「修正に30分はかかっている」というところを強調します。その作業を何人で行なっているか、修正の件数が月に何件あるか、を聞き出し、いかにそれが効率化でき、月々の人件費の削減につながるかをセールスの際に伝えているのです。

こうすることで、元々持ち合わせていた特長が活きてくるようになりました。たとえば、他メーカーと比較してもらうために、デモでお客様に操作を見せる際には他メーカーを圧倒するスピードで申請書類が作成できることがアピールできるようになりました。

無理な安売り競争をしなくても、受注できるようになったのです。

法人向けのセールスの場合、この事例のように人件費、その他数値化されていないコストを明確化し、高売れキャッチコピーで打ち出すことは非常に効果的です。

●卸値が1・8倍高いのに売れるプラスチック鉢

仕入れは100円ショップ以下！
売値は相場以上！
この価格でこのデザイン、この質感。
お花を相場より20％以上高く売れる鉢

この商品を製造しているのは、あるプラスチックメーカーです。この業界で製造しているプラスチックの鉢は、すでにコモディティ化（商品の基本的機能では差別化できない状態）していて、鉢を大量に必要としている大型園芸店などでは徹底的に仕入値を叩く商品です。

具体的には、1個あたり平均50円と厳しい卸値であるため、どんどんメーカーは消耗していきます。

●カット代がライバル店の133%！　高くても一番売れている美容室

90日間来店不要　南青山「PHASE」元店長のなせる技

地域にもよりますが、美容室の基本的な料金であるカット代は、その地域ならではの相場があります。たとえば、ある地区のカット代の相場は4500円です。

そんな中、その地区で一番後にオープンした美容室はカット代を6000円にしたのですが、それでもこの地域では一番流行っています。

高額で新規参入したのに流行っている理由のひとつに、特長をうまく打ち出した高売れキャッチコピーがあります。

この店のオーナー自らが実施し、スタイリストに指導している「カット技術」は、断面が逆になり収まりがいいのが特長です。

その結果、カットした直後はもちろん、「数ヶ月先まで理想の髪型が持つ」というお客様メリットがあります。あるとき、お客様から「3ヶ月は来なくても大丈夫ね」という言葉をかけていただいたそうです。

そこを、わかりやすくキャッチコピーで伝えたのです。この価値が伝わったことにより、周りの店のカットに比べて長持ちするという噂が広がりました。ポスティングチラシやホームページを使った集客は、この業界でも注目されるほどになりました。

そして、後発でカット代金が高いにもかかわらず、大賑わいの店となることができたのです。


数十メートルも歩くと、安い店が何件も立ち並ぶ地域であるにもかかわらず繁盛店となった理由として、カット技術の特長がお客様の潜在的なニーズにマッチしていたということが挙げられます。カット直後は理想の髪型になったとしても、数週間もすると、まとまりが悪くなることに悩んでいる女性客がたくさんいたからです。

もちろん、「90日間来なくてもいいですよ」と言っても、満足度が高いためもっと早いスパンでお客様は来店してくれます。その結果、**スタイリスト1人当たりの売上げが全国的にも高く、美容室専門の雑誌にも注目されるほど**になったのです。

つまり、圧倒的に儲かっているのです。

高売れキャッチコピーの特長は、商品が高く売れるということもありますが、その他に口コミを起こせるというメリットもあります。ちなみに、この地区の住民は、転勤族が多いということがわかっていました。東京から転勤で、この地に来る方々が多いのです。このスタイリストの特長として伝えた東京テイストが、たくさんの口コミを発生させました。特長を打ち出したことにより成功した好例です。

●チェーン店より1・6倍も高いが、いつも売り切れになるピザ屋

ローマピザ専門店
ローマで修行した職人が焼くから、
「パリッ」、「モチッ」でおいしい！

この飲食店は、東京郊外のとある駅前にあるイタリアンレストランです。飲食業界でよくありがちなパターンですが、大手チェーン店が駅の反対側に進出してきて、安いメニューで攻勢を仕掛けてきました。直径約28㎝あたりのベーシックなピザ1枚が、1000円を切るメニューです。それに対して、この店のピザは同じ大きさで1枚1600円でした。そのため、売上げはジリ貧となっていました。

そこで、高売れキャッチコピーを検討しました。この店のオーナーは、イタリアのロ

ーマで修行した経験があります。また、ピザの焼き釜を持っていて、焼き方や素材にまでこだわっています。

これまでは、ピザよりもパスタを強く打ち出していましたが、特長を棚卸しした結果、ピザを打ち出すことになりました。また、アンケートを取ってみると、食感を表わす「パリッ」と「モチッ」という感想が圧倒的に目立ちました。

これをお客様メリットとして、特長と合わせて高売れキャッチコピーとしました。早速、このキャッチコピーをベースにしたチラシを作成しました。そして、近隣にポスティングをしてみたのです。

その結果、駅の向こう側にあるピザ屋より1・6倍以上も高いピザであるにもかかわらず、バンバン売れはじめました。

反応率は5％超と、ポスティングの反応率としては、実に高い結果です。しかも、よくありがちな安売りのクーポンは一切つけていません。来てくれた方にほんの気持ちをということで、紅茶をサービスしているだけです。

このようなポスティングチラシを撒いた後には、仕込んでいたピザの生地が全部なくなってしまうという、近年ではなかった現象も起こりました。また、平均の客単価も10%以上アップしました。

成功した要因として、高売れキャッチコピーでアピールする商品をパスタよりピザに変えたことが挙げられます。なぜ、パスタが人気だったのにピザに絞って打ち出したのか？　その理由は、収益性と生産性です。オーナーにどちらの利益率が高いか、また、作るスピードはどちらが速いか、をたずねたところ、両方ともピザということでした。

つまりこの店は、ピザのほうにより強みがあるということになります。よく、弱い部分をてこ入れするために販促に力を入れるケースがありますが、それはおすすめできません。強い商品の利益をより多くするための高売れキャッチコピーを検討しましょう。

●定価で売れている眼鏡小売店

今までより3倍見やすいレンズが
さらに20％見やすい遠近両用レンズ

この店は、人口がどんどん減っている過疎地にある眼鏡小売店です。いわゆる、シャッター通りにある店です。過疎地と言っても、車で数キロも走れば大手眼鏡チェーン店があります。今や、眼鏡も激安競争の時代です。

そんな中、この店の店主は工夫し、どこにでもあるような眼鏡を、チェーン店の倍以上の金額で販売しています。もちろん、お客様には大喜びしていただいています。

この高売れキャッチコピーは、眼鏡チェーン店のチラシにあるように、「○○ブランドが○○円」とか「○○％ＯＦＦ」といったように、価格だけを訴求することはしていません。

あくまでも、商品（この眼鏡フレームに使うレンズ）の特長とお客様メリットを伝えています。具体的には、「3倍見やすいレンズが、さらに改良されて20％見やすくなった」という特長と、それがいかにお客様のメリットである「見やすさ」につながるかを、キャッチコピーとして明確に伝えています。

その結果、お客様は、自分の悩みを解決してくれる商品を提供してくれるとして、喜んで買ってくれるのです。数キロ車を走らせれば、もっと安いレンズを探せるかもしれないのに、です。

小売店のみなさんの話を聞いていると、どこでも取り扱っている商品であるため、訴求するポイントが価格しかない、と安売りしてしまう傾向があるように感じます。

しかし、お客様視点で商品の仕入れを吟味し、その商品ならではの特長をよく理解し、お客様のメリットとしてわかりやすく伝えるというのが、本来の商売人の仕事です。

それを実践すれば、倍以上の金額でも売れるのです。しかも、お客様に喜んでいただいて、です。

●大手メーカーの倍以上の価格帯でも大人気の酢

壺で造るからツーンが取れてまろみ増す

この酢の醸造元では、３００年も前から手造りに近い製法を守り続けて米酢を造っています。このような話は老舗によくあるものですが、得てして大手メーカーの商品の安さに引っ張られるものです。実際は、まったく比較対象にもならないすばらしい商品であるにもかかわらず、その価値を市場に伝え切れていない、ということがよくあります。この醸造元もそうでした。

そこで、高売れキャッチコピーを考えました。お客様アンケートの中に頻繁に出てくる「ツーンとしない」と「まろやか」という感想をお客様メリットとし、「３００年続いている壺を使った製法」という特長を合体させてキャッチコピーとしたのです。

この手の商品は、どこをライバルとするかが難しいところです。たとえば、大手メーカーの商品を取り扱っているのはスーパーです。スーパーでは、低価格商品が並んでいるため、ある意味、大手の商品はライバルと言えないかもしれません。一方、こだわりの商品を置くスーパーも増えてきているので、そういったところに並んでいる商品がライバルとなります。

その他のこだわりの商品であれば、通販が一般的ですが、ライバル商品は、「有機玄米くろ酢」とか「有機純米酢」といったように、その商品の成分や区分を表わすネーミングだけで、キャッチコピーらしいものは存在していません。

これは、ある意味チャンスと言っていいでしょう。これらのキャッチコピーを、ネットの通販ページや催事場の看板やPOP、通販のカタログに入れることで、高くても買ってくれる人が増えます。

そして、「ん!?　何!?」と言う人が増えるということは、マスコミの関心を引くことにもなり、雑誌やTVなどの媒体で紹介される機会も増えます。

その結果、大手メーカーの米酢は、900mlあたり450円台のものが多い中、この酢は1000円と倍以上の価格であるにもかかわらず、大人気になっているのです。

●隣のオートバックスで50％引きのカーナビが、定価で売れるカーショップ

世界で認められた整備士在籍 全輸入車緊急整備可能！

このカーショップでは、運送会社のトラックや一般車に対して修理サービスを提供しています。また修理に伴い、車周りの商品も販売しています。

みなさんもご存じのとおり、カー用品販売はオートバックスやイエローハットに代表される大型店がひしめき合っています。そこで販売されている商品は、定価の20％引きは当たり前、50％引きも珍しくないという厳しい環境にあります。

そんな状況ですが、この店には、他にない特長がありました。ある整備士が、ドイツにある世界的に著名な車用品メーカーが育成している整備士の資格を持っていたのです。彼がいるおかげで、ベンツ、アウディ、ＢＭＷといった輸入車に緊急対応できると

いう、お客様メリットがありました。

ただ、このことを同店のスタッフたちは当たり前だと思っていたため、キャッチコピーを考えることはおろか、まったくと言っていいほど、それらのメリットを伝えていませんでした。

何も伝えないと、地元の修理工場やガソリンスタンド、オートバックスのような総合的カー・サービスなどと競合になってしまいます。

その結果、修理金額はもちろん、カー用品の小売価格も安売り競争に巻き込まれていました。そこで、高売れキャッチコピーとして、お客様メリットを伝えることにしたのです。

まず、この業界のライバルを調べてみたところ、自社の特長を言い表わすキャッチコピー的なものは皆無ということがわかりました。具体的に言うと、「板金修理します」、「バッテリー交換します」、「車検します」といったように、サービス内容をそのまま伝えるレベルだったのです。

そんな中、冒頭のような高売れキャッチコピーを伝えたところ、修理サービスの安売り競争はもちろん、カーナビなどのカー用品も、定価で販売できるようになりました。

ところで、みなさんは、このキャッチコピーだと、輸入車だけに絞り込まれてしまい、対象となるお客様が減ってしまうように感じるのではないでしょうか。しかし、こうして絞り込んだことによって、お客様メリットが強く感じられるようになったことは見逃せません。

しかも、「輸入車のような難しい修理ができるのなら、国産にも対応できるはず」というお客様の心理が働き、国産車の修理も増えたのです。

●市場価格より2倍も高くても、見積依頼が絶えない業務用カッター

3年間寿命保証！ハイスカッターに比べて、切れ味が長持ちします。

この業務用カッターは、食品メーカーが飴を封入する袋をカットするためのものです。みなさんも、一度は手にしたことがあると思いますが、ふちがギザギザになっているあの袋です。

この袋をカットするためのカッターですが、市場で出回っているカッターは「ハイスカッター」というものが一般的でした。一方、こちらの商社が取り扱っているカッターは、「超硬カッター」といって刃が硬いものです。その結果、購入されたお客様には、長持ちするメリットがあるということがわかっていました。

このメリットを、カタログやパンフレットなどで長々と伝えていたのですが、なかな

料金受取人払郵便

神田支店
承　認
8823

差出有効期間
平成25年1月
31日まで

郵便はがき

101-8796

511

（受取人）
東京都千代田区
神田神保町1―41

同文舘出版株式会社
愛読者係行

毎度ご愛読をいただき厚く御礼申し上げます。お客様より収集させていただいた個人情報は、出版企画の参考にさせていただきます。厳重に管理し、お客様の承諾を得た範囲を超えて使用いたしません。

図書目録希望　　有　　無

フリガナ お名前		性別 男・女	年齢 才
ご住所	〒 TEL　　（　　）　　Eメール		
ご職業	1.会社員　2.団体職員　3.公務員　4.自営　5.自由業　6.教師　7.学生 8.主婦　9.その他（　　）		
勤務先分類	1.建設　2.製造　3.小売　4.銀行・各種金融　5.証券　6.保険　7.不動産　8.運輸・倉庫 9.情報・通信　10.サービス　11.官公庁　12.農林水産　13.その他（　　）		
職種	1.労務　2.人事　3.庶務　4.秘書　5.経理　6.調査　7.企画　8.技術 9.生産管理　10.製造　11.宣伝　12.営業販売　13.その他（　　）		

愛読者カード

書名

◆　お買上げいただいた日　　　　年　　月　　日頃

◆　お買上げいただいた書店名　（　　　　　　　　　　　）

◆　よく読まれる新聞・雑誌　（　　　　　　　　　　　）

◆　本書をなにでお知りになりましたか。

1．新聞・雑誌の広告・書評で　（紙・誌名　　　　　　　　）

2．書店で見て　3．会社・学校のテキスト　4．人のすすめで

5．図書目録を見て　6．その他（　　　　　　　　　　　）

◆　本書に対するご意見

◆　ご感想

●内容	良い	普通	不満	その他（　　　　）
●価格	安い	普通	高い	その他（　　　　）
●装丁	良い	普通	悪い	その他（　　　　）

◆　どんなテーマの出版をご希望ですか

＜書籍のご注文について＞

直接小社にご注文の方はお電話にてお申し込みください。宅急便の代金着払いにて発送いたします。書籍代金が、税込1,500円以上の場合は書籍代と送料210円、税込1,500円未満の場合はさらに手数料300円をあわせて商品到着時に宅配業者へお支払いください。

同文舘出版　営業部　TEL：03－3294－1801

かお客様にわかっていただくことができず、安売り競争に巻き込まれていました。

そこで、このカッターの高売れキャッチコピーを考えました。ハイスカッター自体の市場としては、すでにコモディティ化（商品の基本的機能では差別化できない状態）になっていて、キャッチコピーは〝ない〟も同然でした。ハイスカッターという「種別」を表わすことと、あるいは「型番」や「規格」といった、大きさや長さを表わす表示しかないという状態だったのです。

したがってストレートに、刃が硬いため長持ちするというメリットを、「3年間寿命保証！」と表現しました。そして、「切れ味が長持ちします」と、お客様メリットをキャッチコピーにまとめてアピールしました。実にシンプルで、言うまでもないキャッチコピーだと感じられるかもしれませんが、ハイスカッターを使っている現場の方からすると、3年間も持つということは驚きだったのです。

このようなメリットを、高売れキャッチコピーとして打ち出したところ、ハイスカッターの市場価格に引っ張られて値段を叩かれていたものが、2倍以上もする定価で受注ができるようになりました。

●受注単価を150%以上アップしたホームページ制作会社

中信地区No.1の人気サイトで自社のウリを宣伝できるから集客力抜群です。

このホームページ制作会社は、企業や店からホームページの制作を請負っています。この業界は仕入れの必要がなく、パソコンとソフトがあればはじめられる、参入障壁が低い業界です。

数多くのライバルがひしめき合う業界で、どこも安売り競争に悩まされています。金額を下げて受注するのですが、実際に請負って人件費を使う作業自体は、金額を下げた分だけ少なくするわけにはいかず、多くの制作会社の利益を圧迫しています。

そこで、この制作会社の高売れキャッチコピーを検討しました。この会社は、中信（長野県松本市一帯を指す）の地域ポータルサイト（地域の情報を広めるためのホームページ）を運営しており、そのポータルサイトで、自社が制作をした会社や店のホームページを宣伝していました。

そのポータルサイトを持っているのは、この会社ならではの特長です。そして、そのポータルサイトで宣伝し、実際に集客につなげていることは、お客様のメリットになります。

ところが、その特長、メリットをまったく打ち出していなかったのです。このように当たり前にやっていることを、特長として打ち出さず伝えていないケースは案外目立ちます。たとえば、大手家電量販店にはない、地元密着の電器屋は、無料で出張修理などを行なったりしています。これも、打ち出しさえすれば立派な特長になります。

このホームページ制作会社もそうでした。ポータルサイトで宣伝できるようにフォローしているのにもかかわらず、伝えていなかったのです。これはたいへんもったいないことです。

そこで、これらを高売れキャッチコピーとしてまとめました。

このキャッチコピーを聞いた（見た）お客様は、同地区のホームページ制作会社に相見積りを取るかもしれません。その際にも、このキャッチコピーが効いているため、勝負の土俵そのものが違ってきます。たとえばこの会社は、

ホームページ10ページで30万円

ライバル社は、

ホームページ10ページで25万円

と出すかもしれません。その場合でも、このキャッチコピーから伝わる価値そのものが、同じ土俵で計ることはできない、という状態を作り出します。

その結果、相見積もりで高くても受注できるようになり、今までの平均より1・5**倍以上の価格でも受注できるようになったのです。**

いかがでしょうか？

さまざまな業界での高売れキャッチコピーをご覧いただきました。このように、高売れキャッチコピーはたいへん強力なツールです。ぜひ、次章の書き方をマスターして、みなさんも自分の商品を高く売れるようになってください。

4章

高売れキャッチコピーの書き方6つのステップ

高売れキャッチコピーの書き方は、拍子抜けするほど簡単です。

高売れキャッチコピーは、たった6つのステップで完成します。

ステップ1　商品の特長を書き出してみる
ステップ2　その特長を受け取ったお客様のメリットを書き出してみる
ステップ3　特長とお客様メリットをつなげてみる
ステップ4　ライバル商品のキャッチコピーを調べる
ステップ5　高売れキャッチコピーを完成させる
ステップ6　でき上がったキャッチコピーをチェックする

それでは、それぞれのステップをくわしく説明していきましょう。

ステップ1　商品の特長を書き出してみる

ステップ1では、まず商品の特長を書き出していきます。商品の特長以外にも、「ユニークさ」、「独自性」、「強み」などを、できるだけ数多く書き出していきます。実際に

商品の特長

最高級の小麦使用

グルテン形成強い

無添加

※Superior Taste Award 受賞

200mつながっている

※Superior Taste Award
(優秀味覚賞、以下「本賞」)は年に一度、International Taste & Quality Institute(国際味覚審査機構)により、優れた味覚の食品と飲料を褒賞する目的で授与される。iTQiの審査員は、シェフ、飲料専門家およびソムリエで構成される

書き出した例をご覧ください（97ページ参照）。前章でご紹介した「手延べ麺」の書き方の事例です。

この場合、最低でも4つ～5つ程度は書き出すようにしてください。小売店の場合は、仕入れている商品について書き出してください。書き出すことができたら、ひとまず置いておいて、次のステップ2に進みましょう。

ステップ2　その特長を受け取ったお客様のメリットを書き出してみる

ステップ2では、それらの特長を受け取ったお客様が感じるメリットを書き出していきます。お客様は、商品そのものを購入しているのではないことは、前述したとおりです。次ページの、実際に書き出した例をご覧ください。

どうしてもこのお客様メリットがわからないという方は、お客様へのアンケートやインタビューをすることをおすすめします。くわしいやり方については、拙著『売上を増大させるUSPマーケティング』（アスカ・エフ・プロダクツ）を参考にしてください。

お客様メリット

コシが強い

おいしい

食感がよい

ふわっとする

のどごし最高

お客様メリットも、できるだけ数多く書き出していきます。できればこれも、4つ～5つくらいは書き出すようにしてください。書き出すことができたら、ひとまず置いておきましょう。

ステップ3　特長とお客様メリットをつなげてみる

特長とお客様メリットを書き出すことができたら、いよいよそれらをお見合いさせてみましょう。そして、次ページの事例のように線で結びつけてみてください。

この線でつなげたものを、高売れキャッチコピーの〝素〟とします。この事例では、次のようなキャッチコピーの素ができました。

200mつながっている　＋　のどごし最高
最高級の小麦使用　＋　ふわっとする
グルテン形成強い　＋　コシが強い
グルテン形成強い　＋　食感がよい

特長とお客様メリットをつなげてみる

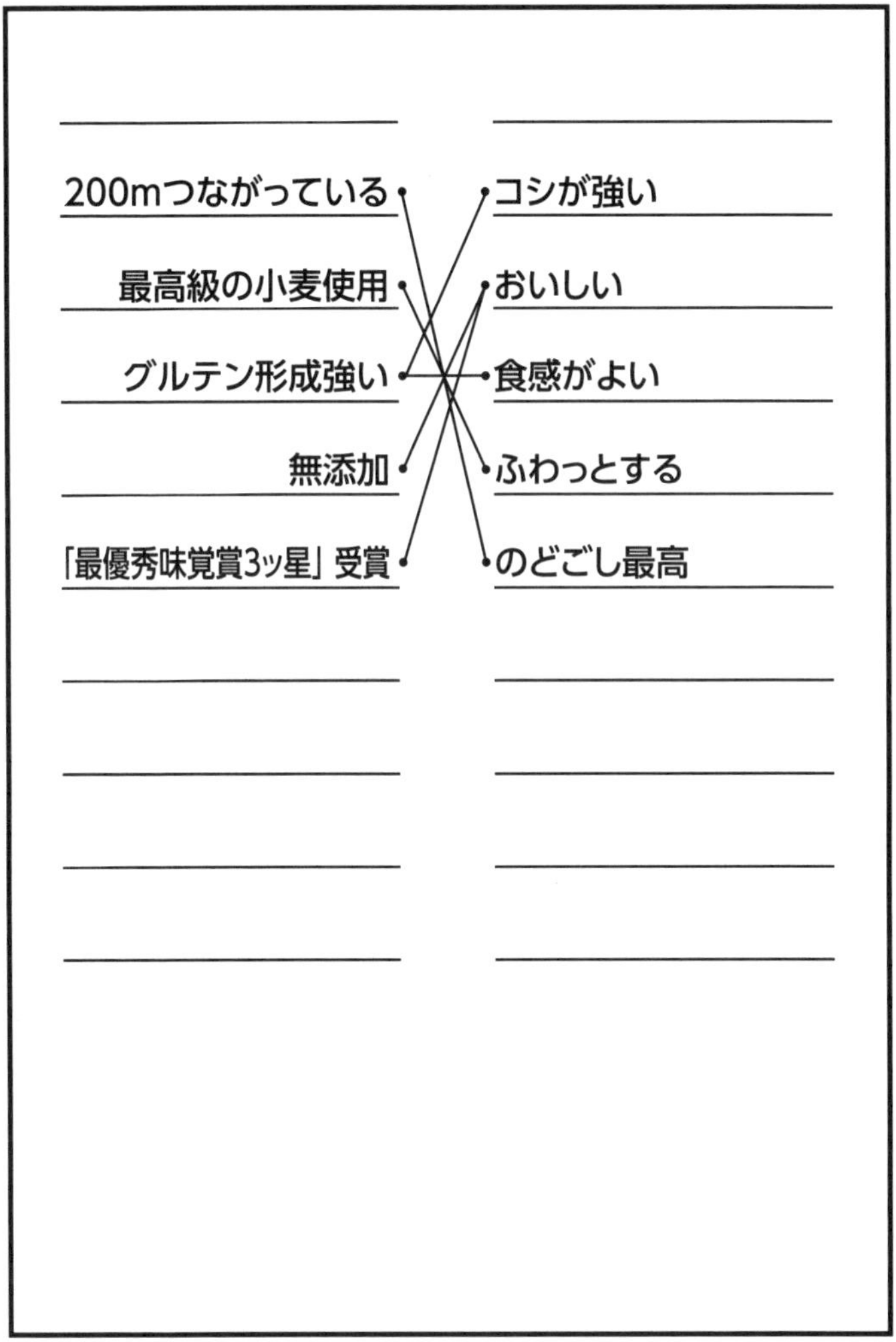

無添加　＋　おいしい

最優秀味覚賞3ッ星受賞　＋　おいしい

ここでの作業のコツは、直感で楽しくつなげていくことです。そして、いくつも候補を作ってみましょう。

ステップ4　ライバル商品のキャッチコピーを調べる

さて、高売れキャッチコピーの素ができた時点で、はじめてライバル商品のキャッチコピーを調べます。あなたが、通販のDMでキャッチコピーを使おうとしているのなら、通販市場でのライバル商品のキャッチコピーを書き出します。

また、楽天ショップなどのインターネット通販で勝負したいのであれば、その店のページのキャッチコピーを書き出していきます。やり方は簡単です。ライバルが楽天市場の中にあるショップであれば、「手延べ」、「麺」といった関連するキーワードを入力して検索します。検索結果で出てきた商品をクリックして、詳細ページを見ます。その中から、キャッチコピーをピックアップしていきます。この手延べ麺の事例では、次のようなライバル商品のキャッチコピーをピックアップしました。

半生伝統長そうめん
まぼろしの手延べ麺
○○伝承の味、手延べ麺
おだやかで豊かな○○が生んだ○○手延べ麺
○○手延べうどん、純粋椿油・○○の塩使用
古代伝承の味　○○の手延べ麺

○○＝地域名や製法名

このように、ライバル商品のキャッチコピーを書き出していくと、だいたいの傾向がわかります。たとえば、手延べ麺の業界のキャッチコピーでは、「地域名」や「伝承」という言葉が並んでいます。

だいたいの傾向がわかってくると、どのライバルも主張していない特長＋お客様メリットが含まれた高売れキャッチコピーの素が浮き彫りになります。つまり、

誰も言っていない穴をつくのです。

ここは重要なポイントなので、ぜひ押さえておいてください。ここまでうまくできれば、勝負あったも同然です。

手延べ麺の事例では、麺の長さが特長であり、その製法がのどごしがよいという組み合わせは、これまでまったくと言っていいほど、キャッチコピーとしては使われていませんでした。ですから、「200mつながっている ＋のどごし最高」という高売れキャッチコピーの素を採用しました。

ステップ5　高売れキャッチコピーを完成させる

ここまできたら、後は簡単です。高売れキャッチコピーの素を選択したら、もう少しブラッシュアップします。

「200mつながっている ＋のどごし最高」では少し変ですから、次のようにブラッシュアップしました。

200m手延べ麺だからのどごし最高です。

これも、いくつか候補を挙げてブラッシュアップしていってください。このキャッチコピーをブラッシュアップさせる型は、次章でご紹介します。記憶に残りやすくし、長期的に効く高売れキャッチコピーにするためのコツとしては、ある程度完成された型があります。それを、次章で学んでください。

ステップ6　でき上がったキャッチコピーをチェックする

ここまでできたら、キャッチコピーを仕上げるためにチェックしてください。私たちは、どうしても客観的になれません。とくに、このような過程を経てでき上がったばかりのキャッチコピーには、それなりの思い入れもあります。

うぉ～、すごいのができた！

と熱くなっているため、我を失っていることもあります。とくに、売り手目線になっていないかどうかに気をつけましょう。お客様目線になって、よくできているかどうかをチェックしてから世の中に送り出すのです。そのチェックする際のコツは、次の2点です。

1. お客様目線から見た他社との違いをチェック
2. お客様目線から見たインパクトをチェック

1. 再度、このキャッチコピーが、他社が主張しているキャッチコピーと大きな違いがあるか、それがキャッチコピーとしてストレートに伝わっているかどうか、を冷静にチェックしてください。

具体的には、ライバル商品のキャッチコピーの隣に、自社商品のキャッチコピーを置いてみることです。

2.キャッチコピーは、「ん!? 何!?」という感じで注意を惹きつけることが重要だと言いました。これをクリアするためのポイントが、キャッチコピーを見た瞬間、お客様にインパクトを与えられるかどうかです。

先ほどの事例では、200m手延べ麺だから、の「200m」という部分が数字であり具体性がある一方、「急に何を言い出すの」という感じのインパクトも与えています。この、数字を使ってインパクトを与える型は次章でご紹介します。数字以外でも、とにかくインパクトを与えているかどうかを、必ずお客様目線でチェックするように心がけてください。

また、この時点で実際のターゲットに近い人にそのキャッチコピーを見てもらって、注意を惹くことができているか、をチェックしてみるのも有効です。

ここまで、「高売れキャッチコピー」の書き方を説明してきました。書き方はいたってシンプルですが、実に効果的です。このとおりにやれば、必ず結果を出すことができるはずです。

書き方のステップは覚えました。後は実践するだけです。実践する前に、ひとつ注意していただきたいことがあります。それは、

多くの方が、キャッチコピーについて、**どうやって伝えるか？**ということにとらわれていることです。

それよりも重要なのは、**何を伝えるか？**を考えることです。少し難しい言い方をすると、**「訴求点」をどこにするか？**ということになります。

そして、この訴求点は、すでに述べてきた「特長」と「お客様メリット」をくっつけた部分を伝えるのです。そのための6ステップなのです。

シンプルな考え方ですが、たいへんパワフルです。ですから、**「あー、いいことを学んだな〜」で終わらせないようにしてください。**

多くの読者が、読んだことに満足するだけで、なかなか実践しようとはしません。似たような事例はセミナーです。誰も、セミナーを受けること自体が目的ではないはずです。ビジネスを向上させて結果を出すための手段としてセミナーを受講しているはずで

す。本書も同様です。

あくまでも、本を読むことが「目的」ではありません。本書は、安売り競争から「さよなら」するための「手段」なのです。

ですから、この高売れキャッチコピーの書き方を実践しなければ、結果が出るはずがありません。

5章

高売れキャッチコピーをブラッシュアップさせる「10の型」

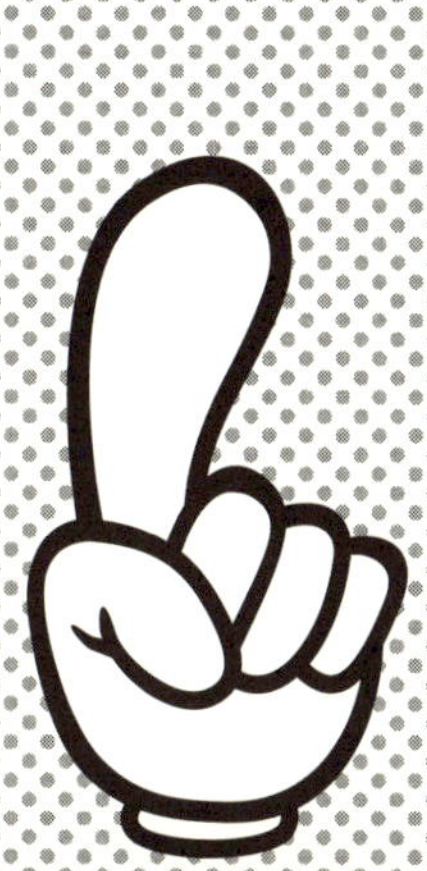

高売れキャッチコピーの書き方の6つのステップでは、「何を伝えるか？」という訴求点の決め方を学んできました。

この章では、6つのステップでき上がったキャッチコピーを、より伝わりやすくするためのブラッシュアップ・テクニックをお伝えします。

キャッチコピーの本によくあるテクニックが書いてあると思ってください。若干違うのは、**記憶に長く粘る**という点にフォーカスしているということです。具体的には、「高売れキャッチコピー」の「特長」と「お客様メリット」を伝えるということから、文字数が多くなる傾向があります。

できるだけ短く伝える方法もありますが、それは職人技になってしまいます。つまり、専門家でないとなかなか難しいのです。

多少、コピーが長くなる傾向があっても、お客様の記憶に粘り、成果につながることが重要です。

高売れキャッチコピーを、チラシやホームページ、DMといった販促ツールに落とし込んでいく際に、記憶に粘るほうが有利になるということは、感覚的におわかりいただけると思います。

それでは、長く記憶に粘りやすくブラッシュアップするための型をご説明します。ここでは、代表的な10の型にまとめました。

その1【数字でビックリインパクト型】
その2【すげーだろNo・1主張型】
その3【ライバルにはできませんよ型】
その4【えっ、マジで!?　と思わせる保証型】
その5【オノマトペ型】
その6【ひと言ストレート印象型】
その7【えっ、どういうこと?型】
その8【潜在的お客様メリット提案型】
その9【対比型】
その10【ターゲット超絞り込み型】

前章でご紹介した成功事例でも、これらの型を使っているものが多くあります。「型」の使い方は簡単です。高売れキャッチコピーの書き方の6つのステップを経てできたキャッチコピーをブラッシュアップする際にも、この章を参考にしてください。

まずは、「どんな型があるのか？」といった程度で、ページをめくりながら確認しておけば十分です。実際に、キャッチコピーを作る際には、「ピンときたもの」の事例を再度読んで当てはめてみてください。では、一つひとつ説明していきましょう。

その1　数字でビックリインパクト型

1234の○○だから、△△です。

活用事例

２００ｍ手延べ麺だから、のどごし最高です。

解説

数字をキャッチコピーに使うのはたいへん便利です。私も、よくこのテクニックを使います。なぜ数字がいいかというと、**具体的でインパクトがある**からです。どんな業界にでも、「それって、すごい数値だね」と言われるものがあると思います。しかし、案外それらは埋もれているものです。それらを顕在化し、キャッチコピーの要素として使うことでインパクトを与えることができます。

使い方

「1234」のところには数字を、「〇〇」のところには特長を、「△△」のところにはお客様メリットを入れてください。

特長の部分に、数値化できる要素がないかをまず検討してみてください。たとえば、日替わりメニューを毎日出し続けている飲食店があったとします。この場合、営業日数×年数を計算してください。その数値が大きくなるとしたら、インパクトを与えられるキャッチコピーとして、ブラッシュアップできる可能性があります。

注意点

「ふかし」という言葉があります。あり得ない数値をキャッチコピーとして打ち出すことです。多少背伸びをさせるのはいいとしても、事実とあまりにもかけ離れた数字の打ち出しは、お客様に「ウソではないのか」と思わせて逆効果になりかねません。ですから、事実に即した数字を打ち出すようにしましょう。

その2 すげーだろNo・1主張型

☆☆で1位！
○○の△△「商品名」

活用事例

子供食器ランキング1位
世界にひとつだけのオリジナル食器「名入れ子供食器」

解説

映画やマスコミの世界で、最もよく使われているキャッチコピーです。たとえば、「観客動員数全米Ｎｏ・１」とか「ＡｍａｚｏｎランキングＮｏ・１」といったものです。ある一定の期間に限っていうとＮｏ・１とか、●●地域に限っていうと▲▲だったらＮ o・1など、範囲を絞るほどNo・1は作りやすくなります。そのNo・1をキャッチコピーに使うパターンです。

人はNo・1から買いたいのです。

よく言われる話ですが、日本一高い山は誰でも「富士山」だと知っているし、行ってみたいと思います。しかし、日本で二番目に高い山は知らない人がほとんどでしょう。この心理を利用したもので、No・1を自ら演出するという型です。

使い方

「☆☆」のところには、ジャンルやカテゴリーを、「○○」のところには特長を、「△△」のところにはお客様メリットを入れてください。

とにかく、自分が取り扱っている商品のNo・1を探し出し、キャッチコピーの要素として使います。どうしてもNo・1が見当たらないという場合は、範囲を狭めていって、小さな範囲でもNo・1を見つけ出すことが重要です。たとえば、何かのランキングで1位を取ったことはありませんか？　小さな範囲でNo．1の実績ができたら、より大きな範囲でのNo．1を、キャッチコピーの要素として使います。

注意点

業界によっては、猫も杓子もNo．1を主張しています。このように多用されている業界では、「またか！」と思われてしまう傾向があります。

こういった場合、使うのには注意が必要です。誰もがNo．1と言っていたら、注意を惹くことは難しくなるからです。

その3　ライバルにはできませんよ型

○○できる「商品名」
▲▲します。

活用事例

定員2名まで！　講師を独占できる「セラピスト養成スクール」
講師が直接手を取って教えます。

解説

この型では、ライバルが追随してこられないポイントを伝えます。

ライバルが嫌がるようなところにチャンスありです。

それを見つけ出し、お客様メリットとして打ち出すことで、高く売れるのはもちろんのこと、集客でも大きな効果が期待できます。

使い方

「○○」には特長を、「▲▲」にはライバルが嫌がって実現できそうにないお客様メリットを入れます。

とくにサービス業などの場合は、これを意図的に作り出すことも可能です。たとえば、スクールビジネスなどです。通常だと、10名以上でやっているところを、2名からやる、と打ち出すと効果が出ることがわかっています。

注意点

ライバルが嫌がるということは、ビジネスチャンスがあるということです。しかし、今までどこもやっていないということは、採算ベースで合わないケースもあります。その場合は、この商品を集客用として位置づけ、利益につながるビジネスモデル全体を検討する必要があります。

たとえば、このスクールで言えば、店員を2名にすることにより値上げしているため、ライバルのスクールよりも高いのですが、お客様（＝生徒）にとっては魅力的なのです。さらには、このスクールの卒業生は、セラピストとしての技術を身につけた後、このスクールを運営している会社（リラクゼーションサロンの店を展開）で働けるような優遇措置があります。つまり、求人も兼ねているのです。

このスクールの人数を少なくして採算が悪くなったとしても、求人広告で何十万もかけてリクルートするよりも、効率がいいのです。このようにビジネスモデル全体を検討し、バランスの取り方しだいで、魅力的な高売れキャッチコピーを打ち出せます。

その4　えっ、マジで!?　と思わせる保証型

☆☆保証
△△します。

活用事例

3年間寿命保証！　ハイスカッターに比べて、切れ味が長持ちします。

めんどうみ保証があるから、成績が上がります。

解説

保証を打ち出すことで、商品に**圧倒的な自信がある**という点を一発で伝えます。

また、購買をする際に、買って**失敗したらどうしよう**という心理的リスクをお客様から取り除きます。この2つの効果により、お客様に伝わる価値観が一気に高まります。

使い方

「☆☆」のところには、保証する内容を入れてください。これにより、保証自体が商品の特長になります。「△△」のところには、お客様メリットを入れてください。

商品クオリティに自信がある場合には、保証を打ち出すことにより、手っ取り早く高売れキャッチコピーを仕上げることができます。状況にもよりますが、私はおすすめしています。

保証には「返金保証」、「寿命保証」、「サービス保証」といったものがあります。工夫しだいでいろいろな保証ができますから、自社の状況に応じて使ってください。

注意点

この型は、効果的なだけに諸刃の剣となりやすいのでご注意ください。とくに、商品クオリティに自信がない場合はおすすめできません。

その5 オノマトペ型

○○だから、♪♪で△△です。

活用事例

ローマで修行した職人が焼くから、「パリッ」、「モチッ」でおいしい！

解説

「すいすい」、「ぐいぐい」といった擬音語や擬態語は「オノマトペ」と言います。これらは、言葉では言い表わすことができないようなことを**ズバリと言い表わせることが**特長です。

たとえば、「どうも、すっかり遅くなってすみません」に使われている「すっかり」

という言葉も「オノマトペ」に該当するのですが、これが使えない場合を考えてみてください。「どうも、完全に遅くなってすみません」といったところでしょうか。こういうと何か変な感じになってしまいます。このように、ふだん私たちが当たり前に使っている言葉の中にも結構含まれるのです。

このような特長を持つオノマトペですが、語源はフランス語（onomatopee）です。英語だと「オノマトピーア」（onomatopoeia）といった感じの発音になります。その大元は、古代ギリシア語にまでさかのぼるそうで、「造語すること」や「名前を造ること」という意味合いだそうです（『日本語オノマトペ辞典』小学館／小野正弘著）。

文章で書くと長くなるような、感情を表わす言葉も内包している「オノマトペ」は、他にもいろいろあります。これらを、キャッチコピーの要素として使わない手はありません。

使い方

「○○」には特長を入れます。また、「△△」のところにはお客様メリットを、「♪♪」には、お客様メリットを強調する「オノマトペ」を入れてください。

お客様メリットに「ピタリ」と合った「オノマトペ」は、お客様の商品に対するイメージを膨らませます。イメージを膨らませるということは、そのまま記憶に残りやすくなるということです。

お客様メリットを「ピタリ」と言い抜く「オノマトペ」を探し出す方法としては、辞典を活用することをおすすめします。「オノマトペ」を4500語も収録した『日本語オノマトペ辞典』を参照するなどして、ピッタリのものを見つけたらキャッチコピーの要素として使ってみてください。

注意点

一方、お客様メリットと合っていない「オノマトペ」を使うと、まったく別のイメージになってしまうことがあります。「オノマトペ」の選択には十分に注意してください。

その6　ひと言ストレート印象型

▲▲▲▲！
○○が△△できます。

活用事例

一目瞭然！
最小パーツ装着が最大の効果を演出。

最高の証！
純正のボディラインを活かしたフィット感は、大人の高級感を演出。

※2つともエアロパーツ販売の事例

解説

お客様メリットを、端的に言い表わした「四字熟語」や「言葉」をメインにします。その後に、特長とお客様メリットを具体的に説明します。それにより、最初のひと言が後のお客様メリットにかかるため、**お客様の頭の中に印象的に残る**ことが、この型の特長です。

この事例は、車のアフターパーツといって、純正の車を購入した後に着けるエアロパーツを販売しているメーカーの事例です。これを参考に解説してみましょう。特長が「最少のパーツ装着」となります。通常、この手のエアロパーツは後付けのため、ゴテゴテしてしまう傾向にあります。純正のフォルムをできるだけ壊さず、最少のパーツですむというのがエアロパーツを購入される方に興味を持たせるのです。最少パーツなのにもかかわらず、「最大の効果を演出」というお客様メリットがあります。このお客様メリットをひと言で言い抜いたのが、「一目瞭然」という四字熟語なのです。

使い方

「▲▲▲▲」のところには、お客様メリットを端的に言い表わした「四字熟語」や「言葉」を入れてください。「○○」のところには特長、「△△」のところにはお客様メリットを入れてください。

まずは、4章の「高売れキャッチコピーの書き方の6つのステップ」にしたがって、高売れキャッチコピーの素を作ります。それから、お客様メリットの部分を端的に言い表わす「四文字熟語」や「言葉」を探していきます。ピタリと言い抜いた言葉があったら、前部分に置いてみて全体のバランスを調整します。

注意点

前部分を抽象的な言葉に置き換えるという作業があるため、どちらかというと玄人向けのやり方です。そのため、少し使い方が難しいかもしれませんが、何度も練習してください。

その7　えっ、どういうこと?型

Ｎｏ！☆☆！
○○だから△△です。

活用事例

Ｎｏ！　待ち時間！
待ち時間にお読みいただける、人気のマンガコーナーはこちらです
※ガソリンスタンドが、給油の他に洗車やオイル交換サービスなどの付加サービスを販売するために、漫画ルームへ誘導する看板のキャッチコピー

解説

「えっ、どういうこと?」と、お客様に思わせることが重要です。そうなると、キャ

ッチコピー以下、ボディコピーや広告のすべて読まなければ、その「モヤモヤ」を解消することはできません。人間の脳は構造上、そうなっているのです。その特性をうまく使って、印象に残す型です。別の言い方をすると、**意表を突く**ということになります。

使い方

「☆☆」のところには、否定する内容を入れてください。「○○」のところには特長、「△△」のところにはお客様メリットを入れます。

意表を突くということは、慣れないと難しいかもしれません。お客様が期待していることや、当たり前だと思っていることを打ち消すようなメッセージを考えるといいでしょう。たとえば、「Ｎｏ！☆☆」、「ＳＴＯＰ！☆☆」といった具合です。

注意点

否定することに注力するあまり、お客様メリットとまったく関係のない言葉を使うことは避けるべきです。注文や成約につながる可能性が低くなるからです。それさえ気をつければ、たいへん効果的な型になります。

その8　潜在的お客様メリット提案型

○○だから▲▲です。

活用事例

200m手延べ麺だからのどごし最高です。

解説

お客様が潜在的に悩んでいることや欲していることを見つけたとしたら、その点をお客様メリットとして伝えることができると、**たいへん効果的です。**

「のどごし」がよいというお客様メリットは、「4章　高売れキャッチコピーの書き方」でもご紹介したとおり、ライバル商品は打ち出していないものでした。

使い方

「〇〇」には特長を、「▲▲」のところには潜在的なお客様メリットを入れてください。この型を使う場合に重要なことは、潜在的なお客様メリットを、いかに見つけるかということです。ぜひ、自社の商品が提供している潜在的なお客様メリットを意識して、見つけ出してください。

注意点

潜在的メリットの候補を見つけ出したら、ライバルが使っているお客様メリットかどうかをチェックしてください。他で使っていなければ合格です。

その9 対比型

○○だからAなのにB

活用事例

壺で造るからツーンが取れてまろみ増す

解説

お客様メリットを伝えるために、「A」と「B」を**対比させることによって伝わりやすくする**型です。

たとえば、A＝「ツーン」、B＝「まろみ（まろやかさ）」というように酢特有のツーンとした香りに対して、まろやかさを対比させています。これらを使うことによって、記憶にも留まりやすくなります。

使い方

「○○」のところには特長を、「A」、「B」のところには、「A」なのに「B」といったお客様メリットを入れてください。

この型を使うには、対比させる要素を見つけ出すことです。その具体的な方法として、「対義語」や「反対語」から、お客様メリットにかかるものを見つけ出すのがコツです。

具体的には、インターネットで検索すると「対義語・反対語辞典」が出てきます。そこで、自社のお客様メリットを頭に入れながら眺めていきます。使えそうな組み合わせを見つけるのです。比較的長くなったとしても、記憶に留まりやすいキャッチコピーを作るのに便利な型です。

注意点

わかりやすい対比にしないと、コピーがボケてしまう可能性があるのでご注意ください。

その10　ターゲット超絞り込み型

★★の方へ、△△できます。
それは○○だからです。

活用事例

全輸入車緊急整備対応可能！　世界で認められた整備士在籍。

解説

ターゲットをグッと絞り込むことによって、感じられる価値を高める型です。**絞り込むだけで、相対的な価値が大幅に上がります。**

簡単かつ効果的なのでおすすめです。とくに、絞り込みの甘い業界ではライバルを一蹴することができるほど、高く売れる可能性が高まります。しかも、取り組みやすいことも特長です。

使い方

「★★」のところには、絞り込んだターゲットを入れてください。「○○」のところには特長、「△△」のところにはお客様メリットを入れます。

この型のポイントは、既存のお客様を棚卸しすることが重要になります。既存客の中で、高く売れているお客様を探し出すのです。もし見つかったら、そのお客様に集中的に絞り込んでキャッチコピーとして打ち出していきます。

注意点

事例紹介の項でもご説明しましたが、絞り込むことによって、お客様メリットが大きく感じられるようになります。しかし、絞ることによって「他のお客様が逃げてしまうのではないか？」という恐怖心が働くことから、多くの方がチャレンジすることができずにいます。

そこにチャンスがあります。絞ることによって、周辺のお客様の注意を惹きやすくなるからです。

以上、10の型をご紹介しました。

しかし、今はこれを覚える必要はありません。「何となく、こんなのがあったなぁ」といった程度で十分です。本棚に入れておいて、イザというときに取り出せるようにしておけばＯＫです。キャッチコピーを書くとき、必ず役に立つはずです。

6章

もっと効果が出る！高売れキャッチコピーの使い方

ここまで、高売れキャッチコピーの書き方から、それらをブラッシュアップする方法までを学んでいただきました。
本章では、さらに具体的に、どうやって高売れキャッチコピーを使っていけばいいかについて学んでいくことにします。3章の成功事例でご紹介したものを中心に、実際にどうやって使っているか、販促ツール事例を見ながら、より理解を深めていってください。ご紹介する代表的な販促ツールは次のとおりです。

その1、チラシ
その2、ホームページ
その3、POP
その4、看板
その5、DM
その6、フリーペーパー広告
その7、雑誌広告
その8、動画

その９、展示会
その10、ＦＡＸＤＭ

販促ツールは、それこそキリがないくらいの種類があります。その中でも、さまざまな販促に応用がききやすい代表的なツールに絞りました。本来は、これらのツールも複合して使うことにより、相乗効果を得ることも多いのですが、いきなり複合技は難しいので、まずは自分で取組んでいるツールを参考にしてみてください。もし、該当するものがない場合は、それに近い事例をお読みいただければ参考になると思います。

それでは、一つひとつくわしく見ていくことにしましょう。

その1　チラシでの使い方

ツールへの落とし込みのポイント

高売れキャッチコピーである、「ローマピッツァ専門店　ローマで修行した職人が焼くから、「パリッ」、「モチッ」で美味しい！」を連想させる写真をメインイメージとしています【1】。その左下部分には、キャッチコピーで伝えた「パリッ」、「モチッ」の理由を説明しています【2】。高売れキャッチコピーの正当性を主張するために必要な要素になります。さらには、「4章のステップ2」で書き出した特長で、キャッチコピーに採用されなかったものでも、できるだけこのスペースや他のところに書くといいでしょう。

また右下部分では、ローマで修行したオーナーシェフのプロフィールを紹介しています【3】。さらに裏面では、各種ピザの写真と紹介文を載せています【4】。そして左下部分では「お客様の声」【5】、右下部分にはイタリア人の推薦コメントが書かれています【6】。

実践ポイント

まずは、高売れキャッチコピーが市場のお客様に刺さるかどうか、を検証します。いきなり何万部ものチラシを撒くのではなく、数千部ずつ撒いてテストマーケティングを行ないます。

このチラシは、店の近辺に一回1000部程度を折り込み配布すると、だいたい50組ほど集客することができます。

【1】メインイメージ

ローマピッツァ専門店
ローマで修行した職人が焼くから、「パリッ」、「モチッ」で美味い!

有機野菜を使った体に優しい無添加で仕上げます。

なぜ、「パリッ」、「モチッ」とした食感が味わえるのでしょう?

その秘密は、二つあります。一つ目はピザを焼く窯とその温度です。ケセラセラ・グリルの窯は、鹿児島の溶岩を使用しています。溶岩は熱伝導が早く、500℃以上に保つことができるので、ピザの「パリッ」と感を出します。

もうひとつの秘密は、ピザの生地にあります。ケセラセラ・グリルでは、特定農家さんから特別に取り寄せした地粉ユメシホウとイタリアサルディーニャ産の塩、2種類の酵母（天然のヨーグルト酵母、パネトーネ酵母）を原料に使い、丁寧に捏ねたものを一晩寝かすことで、「モッチリ感」を出しています。だからパリッとしてモチッとした食感が味わえるのです。

オーナーシェフ大森です。

母親が調理師で幼稚園の給食を作っていたことから、有機野菜を使うなど食材には特に気遣う家庭に育つ。高校時代はボクシング部に所属。高校アマチュア関東大会優勝、国体3位、インターハイベスト8、全日本ランキング6位という輝かしい成績を残す。その反面、厳しい減量の為、拒食症、貧血、冷え性、手足のしびれなど不調が続きボクシングの道を断念。下宿先から実家に戻り、母の手料理を食べ少しづつ体調を戻すうちに、健康と食べ物の関係の重要性に気づく。高校卒業後は、銀座の日本初ドイツレストラン「ローマイヤ」で修行。渡伊。ローマのリストランテでイタリア料理を一から学ぶ。その後、日本とイタリアを行き来しながら2年半、本格的にイタリアンを学ぶ。帰国後、東京ベイヒルトン「ピアッツァ・ローマ」で5年間シェフを務める。1995年独立、「ケセラセラ・グリル」開業。過去の経験から、「外食で体にいいものを」をモットーに、お客様により満足を、より安全なものを提供している。

ローマピッツァ専門店 ケセラセラ・グリル

【2】キャッチコピーで伝えた
「パリッ」、「モチッ」の理由

【3】オーナーシェフ
プロフィール

【4】各種ピザの写真と紹介文

【5】お客様の声

【6】イタリア人の推薦コメント

その2 ホームページでの使い方

ツールへの落とし込みのポイント

「子供食器ランキング1位　世界にひとつだけのオリジナル食器『名入れ子供食器』」という高売れキャッチコピーが、楽天ショップのトップページでバナー表示されています【1】。以下、名入れ子供食器の特長を紹介するページが続きます【2】。

これらを読んだ後、他アイテムの紹介とともに商品をカートに入れることができるページへのリンクが貼られています【3】。

実践ポイント

高売れキャッチコピーから、商品をカートへ入れるまでの導線がポイントです。トップページから目立つところに高売れキャッチコピーがあり、クリック率を高めています。

【1】高売れキャッチコピーのバナー

そして、特長をスクロールしながら、きちんと読んでいただくように仕込んでありま す。高売れキャッチコピーで伝えた商品の特長や価値を十分に感じ取ってもらったうえ で、カートに入れるように設計してあります。

これらの導線に気を配ることにより、コンバージョン率（ページを訪問した人が買う確率。楽天ショップ内では、トップクラスでもコンバージョン率は3・8％程度）が8％と、異常に高いページとなっています。

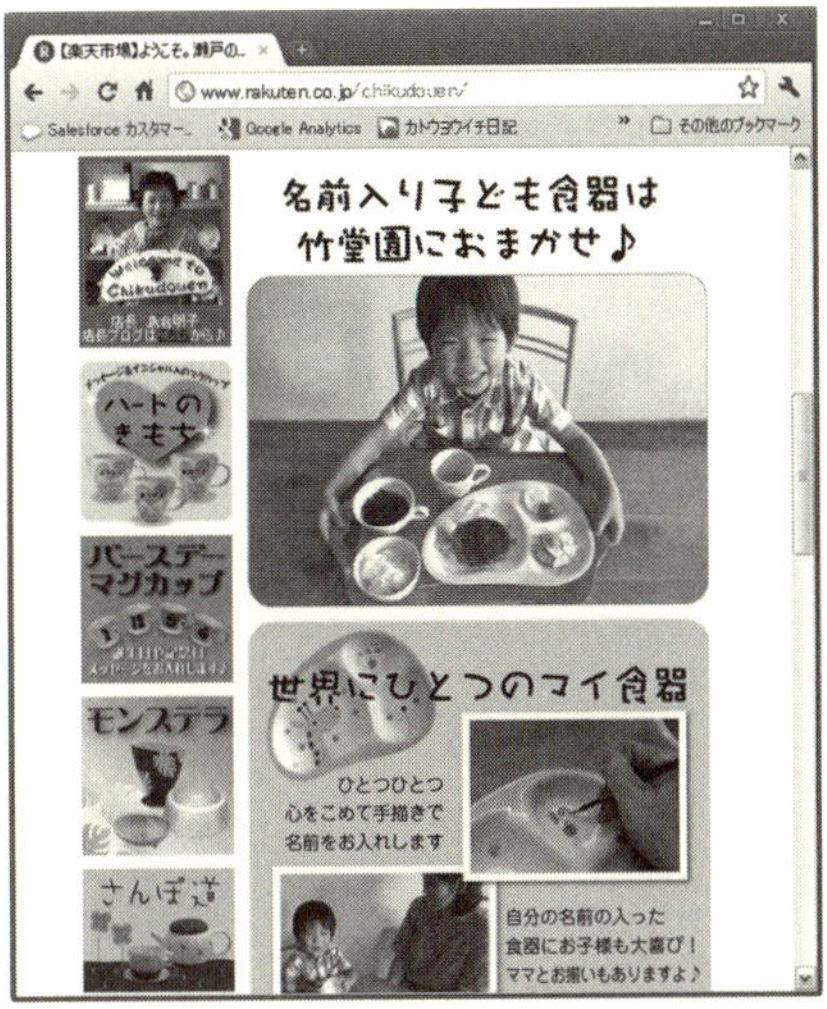

【2】名入れ子供食器の特長を紹介するページ

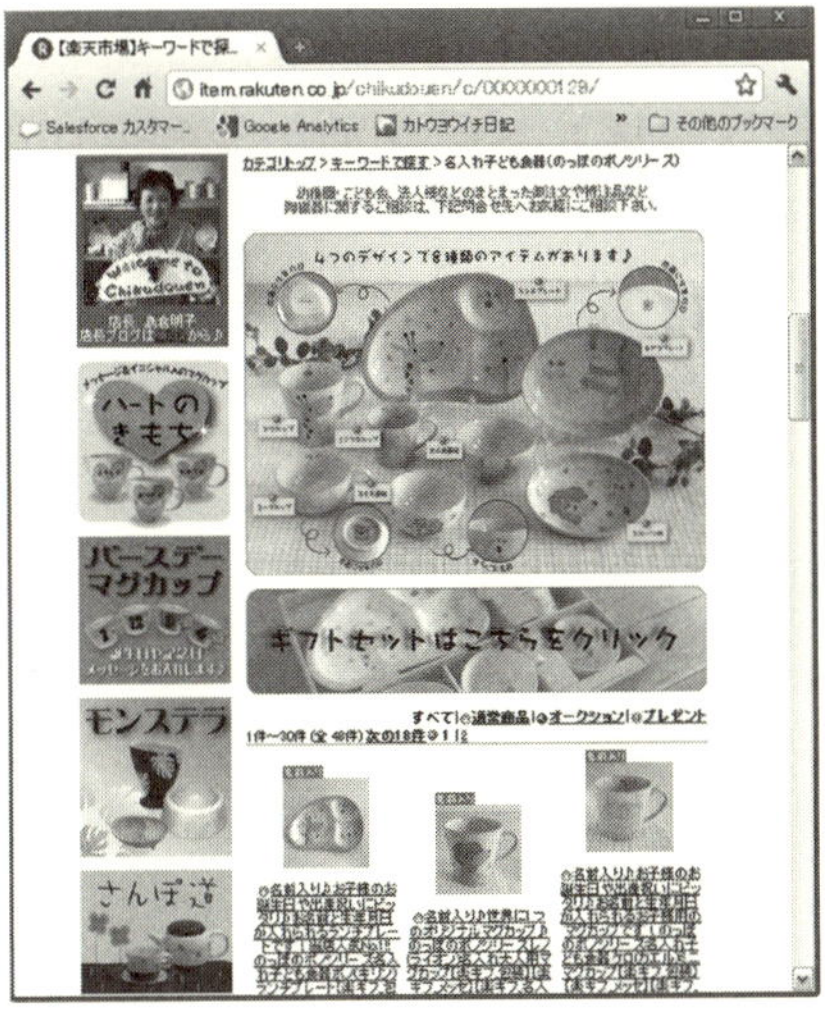

【3】他のアイテム説明と商品カートページ

その3 POPでの使い方

ツールへの落とし込みのポイント

「No 待ち時間 待ち時間にお読みいただける人気のマンガコーナーはこちらです」という高売れキャッチコピーが、ガソリンスタンドのさまざまなところにPOPとして掲示されています。

まず、本書では写真を載せていませんが、店外に「A型看板」が設置されています。道路から車を入れて、給油スタンドまで誘導される途中にあります。次に、給油口付近のPOPです【1】。待ち時間に「ん!? 何!?」と注意を引くように計算されています。

スタンドを活用する理由の中で大きいのがトイレです。そこで、用を足している目線の先にもPOPが貼ってあります【2】。

TATSUNO
リットル
リットル
4 出光ゼアス
3 出光スーパーゼアス
No 待ち時間
洗車、オイル交換など
待たせません。その秘密は…
人気のマンガが揃った
マンガコーナーがあるから
お気軽に店員に車を預け、おくつろぎください

【1】給油口付近のＰＯＰ

これらのPOPに誘導されて店内に入ると、実際のマンガコーナーの上に、さらにPOPがあります【3】。

実践ポイント

こういったPOP掲示のケースでは、人が行動する「タイミング」と「目線」が重要になります。

たとえば、ガソリンを給油している間に、人は必ずメーターを読もうとします。このタイミングに、POPが視界に滑り込むイメージです。後は、「目線」です。まずは、目に入るための視界の高さが重要です。続いて、目に入りやすいような色使いも重要です。

この事例では、工事看板を意識させる色使いと時計のイラストがその役割をはたしています。

これにより、「ん!? 何!?」という感じで注意を惹きつけることができるのです。このPOPを活用しているスタンドは、トラックの運転手などが活用するマンガコーナーとして話題となり大繁盛しています。

【2】トイレ内のＰＯＰ

【3】マンガコーナー上部ＰＯＰ

その4　看板での使い方

ツールへの落とし込みのポイント

「世界で認められた整備士在籍。全輸入車緊急整備対応可能！」という高売れキャッチコピーが、国道を通過するお客様に認知されます。
とくに、高売れキャッチコピーと連動するように、整備を連想させる工具のイラストと輸入車の代表格である「ベンツ」、「ＢＭＷ」、「フォルクスワーゲン」をイメージさせるマークのイラストも重要です。

実践ポイント

看板のコツは、実際に走行している車の速度を把握することです。この国道で看板を出している場所は渋滞ポイントです。そのため、かなりの文字を読むことが可能だと考

えて、文章量を多くしています。

　また、この色使いも実際の店舗の外観のメインカラーと合わせているため、「あっ、あの看板の店だ」と認知されやすくなっています。

　看板は、使い方によっては大きな効果を発揮するツールです。うまく使うことができれば、その地域での認知度はかなりアップするでしょう。

全輸入車
緊急整備
対応可能！
500M先
2つ目の信号を
右 折
世界で認められた整備士在籍
恵那バッテリー
Tel
http://www.enabattery.co.jp
全輸入車
緊急整備
対応可能！
500M手前
三坂信号を
右 折
世界で認められた整備士在籍
恵那バッテリー
Tel
http://www.enabattery.co.jp

その5 DMでの使い方

ツールへの落とし込みのポイント

「壺で造るからツーンが取れてまろみ増す」という高売れキャッチコピーが、DMの反応率を押し上げています。

とくに、高売れキャッチコピーと連動するように、壺で造っているこだわりを連想させるメインのイメージが、つかみのすべてと言っても過言ではありません【1】。

つかみを考慮したトップページから中ページには、キャッチコピーで伝えた「ツーンが取れてまろみ増す」の理由を説明しています【2】。そして、商品の写真と価格【3】を掲載し、注文の仕方として「FAX・郵便」、「電話」、「ウェブ」など、複数の注文方法を伝えています【4】。

実践ポイント

ＤＭのコツは、最初に目に入る高売れキャッチコピーを補完するイメージの作り方が重要になります【1】。これを「起承転結」の「起」とすると、「結」は、注文の仕方になります【4】。

この２つの作り込みが生命線と言っても過言ではありません。そして「承」は、キャッチコピーで伝えた、「ツーン」が取れて「まろみ」が増す理由が該当します【2】。さらに「転」は、高売れキャッチコピーで伝えた商品説明そのものが該当します【3】。

このように、構成を作り込むことで、スムーズな注文につながるのです。

壺で造るから
ツーンが取れて
まろみ増す。
とば屋の
お酢
壺で造る独自の製法を300年守り続けるのは、日本でとば屋だけです。
宝永7年（1710年）創業より変わらぬ
味をお届けしています。
お歳暮・お年賀のご案内
2009年11月16日（月）〜2010年1月15日（金）
株式会社 とば屋酢店

【1】メインイメージ

【2】キャッチコピーで伝えた、「ツーン」が取れて「まろみ」が増す理由

【3】商品説明

商品の在庫が限られています。ご注文は今すぐ!
今ご注文をいただいたお客様には3つの特典があります。
特典1 お買い上げの方全員に
越前大野里芋あられ(20g)プレゼント!
特典2 総額10,500円以上お買い上げの方に
鯖へしこお茶漬け(5袋入り)プレゼント!
特典3 お届け先1ヶ所につき総額10,500円以上お買い上げの方に
送料無料
5,250円~10,500円未満 全国一律315円
5,250円未満 全国一律525円
とば屋の商品を注文するのは簡単で4つの方法があります。
まず本パンフレットをご覧になり、ご贈答用・ご自宅用の商品をお選びくださいませ。一番下の「お支払い方法」、「お届け」、「返品・交換」をご確認の上、次の4つの方法から、お客様のやりやすい方法にて注文依頼をお願いいたします。
❶FAX注文
❷郵便注文
❸電話注文
❹ウェブ注文
❶❷FAX・郵便注文の方法
とばやの注文書は、①ご自宅配達用注文書と②贈答先配達用注文書の二つがございます。同封した注文方法の見本をご参考に、それぞれ用途に応じて注文書にご記入下さい。ご記入が終わりましたら、0120-56-1513
同封しました封筒に入れてそのままポストへ入れていただくだけです。
以上で、注文が完了いたします。
❸電話注文の方法
以前にとば屋で1度でもご注文いただいたお客様で前回と同じものをご希望のお客様は、フリーダイヤルまでお電話ください。そこで一言お願いします。
「前回と同じものでいいよ!」これで注文は完了いたします。
前回ご注文の履歴をお調べして商品をご用意させていただきます。もちろん前回のものをベースに変更にも対応させていただきます。
ご注文・お問い合せ
0120-56-1514
月~土曜 AM8:30~PM6:00
❹ウェブ注文の方法
Yahoo、Googleで とば屋 と検索して下さい。トップ画面左側の「商品一覧」からお好みの商品を選んで、「買い物カゴに入れる」ボタンを押して下さい。後は画面の指示にしたがっていくことで注文が完了いたします。
「お支払い方法」、「お届け」、「返品・交換」について
お支払い方法
お届け・返品・交換
株式会社 とば屋酢店
TEL 0120-56-1514
FAX 0120-56-1513 24時間受付

【4】注文の仕方

その6 フリーペーパー広告での使い方

ツールへの落とし込みのポイント

「ワンランク上の『結婚記念日』『誕生日』『還暦』を楽しみたい方へ、お箸で食べる『記念日コース』お一人様5000円」という、飲食店のフリーペーパー広告に使った高売れキャッチコピーです【1】。

フリーペーパー広告の成否は、高売れキャッチコピーのできが左右します。なぜなら、他社の商品やサービスとの違いが一目瞭然だからです。

この広告の場合は、高売れキャッチコピーを伝える型その10【ターゲット超絞り込み型】を活用しています。誕生日や記念日のプランを検討している方まで絞り込んだライバル店は皆無だったため、圧倒的な集客力でした。

実践ポイント

フリーペーパー広告は、ライバルがどういった広告を出しているかを事前に調査しておくことが重要です。ライバルよりも、ターゲットを絞り込んだ切り口を探して広告にしましょう。

周りの店は2000円台のコースを売っていましたが、同店では、この広告を実施した後の1～2ヶ月間程度、売上げの半分以上を、5000円の誕生日・結婚記念日コースが占めるようになりました。その結果、平均客単価も大幅にアップし、週末は予約を断らなければならないほどの反応がありました。

食とワインのテーマパーク
Dela-cera（デラセラ）

一宮市多加木
396net.com/
0586248613/

結婚記念日・誕生日・お付き合い記念日に。ワンランク上の楽しみを。

お箸で食べる「記念日コース」を利用したことがあるという方が、遂に1000人を越えました。最近では「昼食事の方が太りにくい」「夜は出掛けられない」という結婚10年以上の方がランチタイムにお祝いする事が増えています。もちろんディナータイムも大歓迎！現在『デラセラ』は咲楽読者を「えこひいき」中です！だから今回は咲楽読者限定の特別特典付き！

昼夜OK　お箸で食べる
あなたの記念日コース ¥5,000（7品）
※2名～ ※要予約（前日迄）

- 前菜盛合せ
  アワビのカルパッチョ
  イベリコ豚の自家製スモーク
  ズワイ蟹の塩辛
  自家製燻たまトリュフの香り
- 国産大豆100%の自家製豆腐サラダ
- 本日の岐阜中央市場から仕入れた魚料理
- 好みで選べるメインディッシュ（10種より1種選択）
  霜降り牛厚切りステーキ
  岐阜中央市場から仕入れる
  魚介のグリルなど
- お好みのパスタ（6種より1種選択）
- パン盛合せ
- デザート盛合せ

「記念日コース」8大特典
総額3,800円相当が **無料**

①アニバーサリーケーキプレゼント（¥1,200相当）
②霜降り牛タタキ無料（¥1,200相当）
③ボトルワイン1本無料 ※お土産用
④あなただけのオリジナルメニュー表作ります！
⑤ネーム入り記念日カードプレゼント
⑥ポラロイドにて記念撮影サービス！
⑦自分で描ける「思い出の皿」プレゼント
⑧店頭モニターにてウェルカムディスプレイON AIR

さらに、咲楽読者限定
日本一！大きな自家製ハム無料サービス！

素材選び・塩漬け・スモークまで一貫して手作り。記念日ににシェフ自らがあなたのテーブルでカットします。

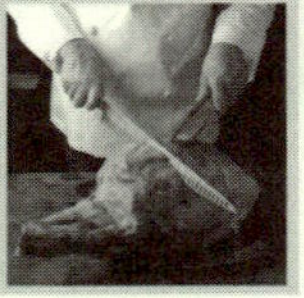

お口でとろける新メニュー
溶岩石で焼く
霜降り牛ステーキランチ
¥1,980→ 咲楽クーポンで **¥1,680**
- 本日のシェフおすすめ前菜
- パン盛合せ
- 霜降り牛サーロインステーキ
- デザート
- コーヒーor紅茶

■HPは デラセラ 検索
一宮市多加木4－2－17
11:30～14:00（OS13:15）
18:00～24:00
木曜 P8（共同） 16
☎0586-24-8613

デラセラ　☎0586-24-8613
記念日コース8大特典 ¥3,800相当→**無料**
さらに、シェフが目の前でカットする
日本一！大きな自家製ハム無料サービス！
※記念日コースorイベリコプレミアムコース（¥8,500）ご利用の方限定 ※要予約（前日迄）
有効期限 2008年2月28日

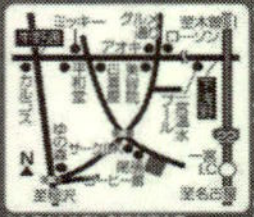

デラセラ　☎0586-24-8613
お口でとろける新メニュー
溶岩石で焼く霜降り牛ステーキランチ
¥1,980→ **¥1,680**
有効期限 2008年2月28日

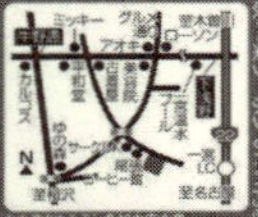

【1】高売れキャッチコピー

その7 雑誌広告での使い方

ツールへの落とし込みのポイント

「仕入れは100円ショップ以下！　売値は相場以上！　この価格で、このデザイン、この質感。相場より20％以上アップで花を売ることができる鉢」という高売れキャッチコピーを、雑誌広告で使いました。

雑誌広告は、高売れキャッチコピーの特長部分を記事として表現することがポイントです。右側ページは、この業界で著名な方が「陶器の鉢と見間違えた」という見出しからスタートして、その商品の特長を語る記事になっています【1】。左ページの左部分では、実際の広告が入るようになっています【2】。

広告部分は、上から順に高売れキャッチコピー【3】、メインイメージ【4】、特長の紹介【5】、問い合わせ先と注文方法【6】となっています。

実践ポイント

こういった、記事と連動した広告を「記事風広告」と言います。雑誌の広告部門に問い合わせると、掲載価格や条件を教えてくれます。

また、雑誌に取材されたということは「実績」として活用することができます。資料請求された際に同封する「販促ツール」として使えるという副次的な効果もあるのです。

発行部数など、雑誌そのものの「媒体パワー」にもよりますが、大きな反応を得ることが可能です。

【1】特長を語る記事

植物デザイン的

PlanTool《プランツール》

質感を重視しているため、室内に置いても違和感がない。従来のプラ鉢の代替品ではなく、フラワーベースとして重宝しそう
使用花材／ルリタマアザミ、ミニバラ、グリーンネックレス、多肉植物

PlanTool

シンプルモダンなプラスチック鉢

1

お花屋さんでも家庭でも必須のアイテム、プラスチック製の植木鉢。安いけど、見た目がオシャレじゃない……。

ところが、そんな今までの常識を覆す植木鉢“Piega《ピエーガ》”が登場！ 愛知県にある素敵なフラワーショップVERY FLOWER ～ Classic Design ～ のオーナー、古橋くみ子さんはこのニューアイテムをどのようにアレンジしてくれるのか。

陶器の鉢と見間違えた

今回、植物デザイン編集部が注目したいのは、プラスチック製品の製造販売を手がける服部樹脂から発売された、「Ｐｉｅｇａ《ピエーガ》」。今までにあった、「プラ鉢は安いけど見た目や品質が……」との意見に応え、上品な質感を再現した。

「初めて見たときは、『これがプラスチック鉢なの⁉』とびっくりしました。その質感に、陶器の鉢と間違えてしまったのです（笑）」（古橋さん）

使い勝手の良さが魅力

お店は、フランスのパリを思わせるブリキのジョウロや古い小瓶、ステンドグラスなどの小物が花や植物と一緒に見事にディスプレイされ、おしゃれな雑貨屋さんのよう。そんな店内に置かれたＰｉｅｇａ《ピエーガ》は、周りの空間に見事に溶けこんでいた。

「このプラ鉢がデザイン性に優れていると感じさせるポイントは、シャープな縦のライン。特に観葉植物によく合うので、何にでも合わせやすいです」と古橋さんは語る。

「二段重ねて上段を切花アレンジでお部屋に飾り、下段を寄せ植えにしてベランダで楽しんでいただいてもいいかも」


愛好家増&業界活性化にもつながる!?


古橋さんのメインのお仕事は、全国のホームセンターや園芸店などで行う、園芸講習会。園芸を身近なものとして楽しめるような内容で、多くの人々の心を捉えている。取材時にも、店に隣接する洋食店のお客様に話しかけるなど、フレンドリーで笑顔が魅力的な古橋さんは、「花ってこんなに楽しい、ということを伝えたい」と言う。

「植物に興味がない人、枯らしてしまう人にも、ライフスタイルに合わせて、植物を通じての楽しみを提案していきます」

ディスプレイのセンスによって訪れる人々の目を楽しませる。園芸愛好家を増やすために、このような花屋はなくてはならない存在だが、オシャレなＰｉｅｇａ《ピエーガ》は、古橋さんの名店のような素敵なフラワーショップにぴったり。植物デザイン、大ブッシュアイテムだ！

034

【4】メインイメージ
【3】高売れキャッチコピー
【2】広告
PlanTool
仕入れは100円ショップ以下!
売値は相場以上!
この価格で、このデザイン、この質感
相場より20%以上アップで
お花を売ることができる鉢
information
Piega
ブラック
オフホワイト
こげ茶
なぜ、152万個以上も売れているのか?
特長その1 デザイン
著名な陶芸家に依頼した独特の風合いを持つ表面デザイン
シンプルモダンな形は室内に置いた時のインテリアとマッチ
特長その2 品質
原材料の調達から生産まで全てメイド・イン・ジャパン
特長その3 価格
直販によって中間マージンをカット。安く仕入れて高く売れる
[植物デザイン読者様・花のプロの方限定特典]
今、無料サンプルをご請求いただいた方に限り、30% OFFで購入できるクーポンプレゼント! カタログ&無料サンプルのご請求は下記まで。メールまたはFAXでお願いします。
(会社名/担当者名/住所/TEL&FAX番号をご明記の上、「無料サンプル希望」とご記入下さい)
FAX 0581-27-3566
E-MAIL info@uekibati.net
ホームページ http://www.uekibati.net
TEL 0581-27-2811
株式会社服部樹脂 〒501-2111岐阜県山県市赤尾75
085
二段重ねのデザイン。大きさにバリエーションがあるため、このように重ねることが可能。どのように組み合わせるか想像が広がり、楽しい
使用花材/カリブラコアティフォシー、シュガーバイン
shop info
VERY FLOWER
~ Classic Design ~
※春日井店
愛知県春日井市松河戸町字堤越2136
tel 0568-35-5505
※日進竹ノ山店
愛知県日進市岩崎町竹ノ山37-175
tel 0561-75-5645
2店舗共に洋食屋マ・メゾンに隣接
古橋くみ子
VERY PLUS ONE株式会社代表。園芸店などでの園芸講師のほか数多くの雑誌、テレビ、ラジオに出演するなど、幅広い活動を展開している。
ブログ展開中!
古橋くみ子の Happy Garden ♪ http://blog.goo.ne.jp/officekumiko
【5】特長の紹介
【6】問い合わせ先と注文方法

その8 動画での使い方

ツールへの落とし込みのポイント

「その違い、一目瞭然！　純正バンパーとほぼ同サイズにもかかわらず一変した存在感」という、エアロパーツを販売するメーカーが、ホームページ上の動画で使った高売れキャッチコピーです【1】。

動画での作り込みは、高売れキャッチコピーで語っている特長とお客様メリットのビフォー・アフターを比較して伝える構成が重要です。写真では、このエアロパーツを装着した場合と、ノーマルの場合のフロントマスク部分を比較して見せています【2】。

これを伝えるための副次的な要素に音楽があります。同じイメージを見せるだけより、背景に音楽を流すことで、雰囲気は格段に上がります。

【1】高売れキャッチコピー

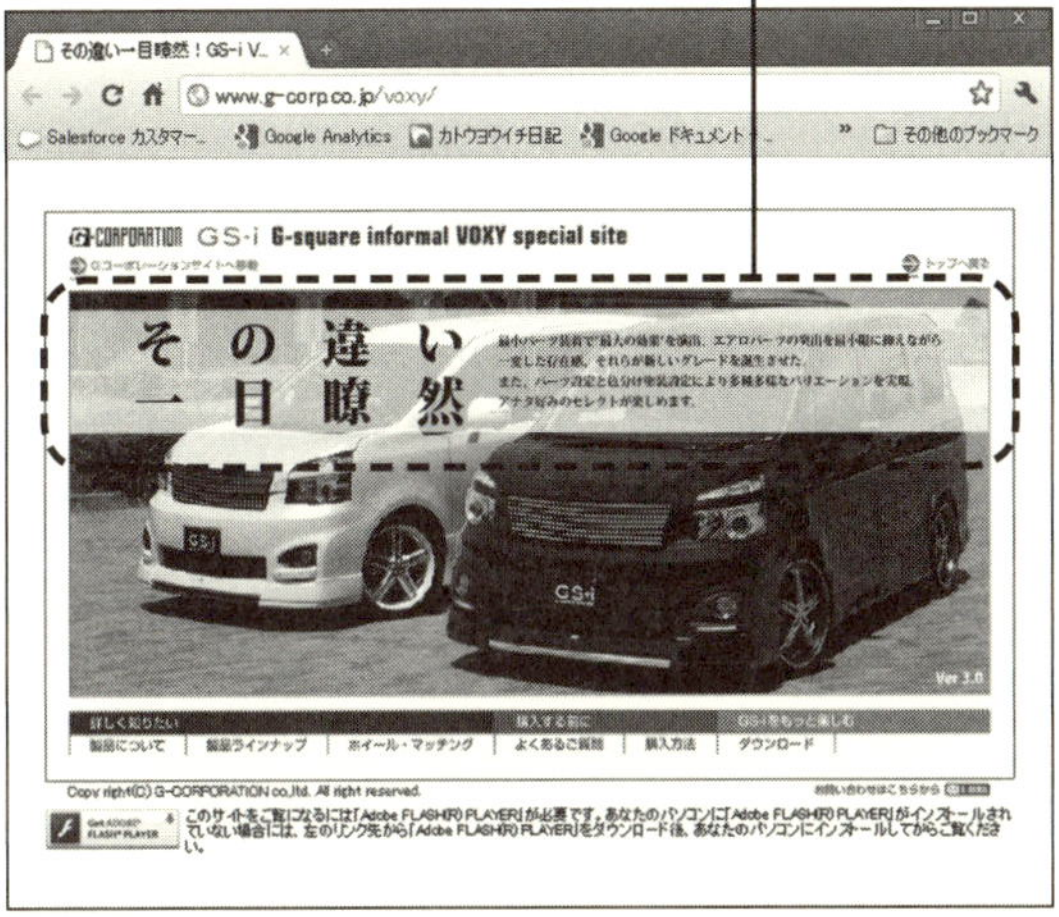

【2】比較写真

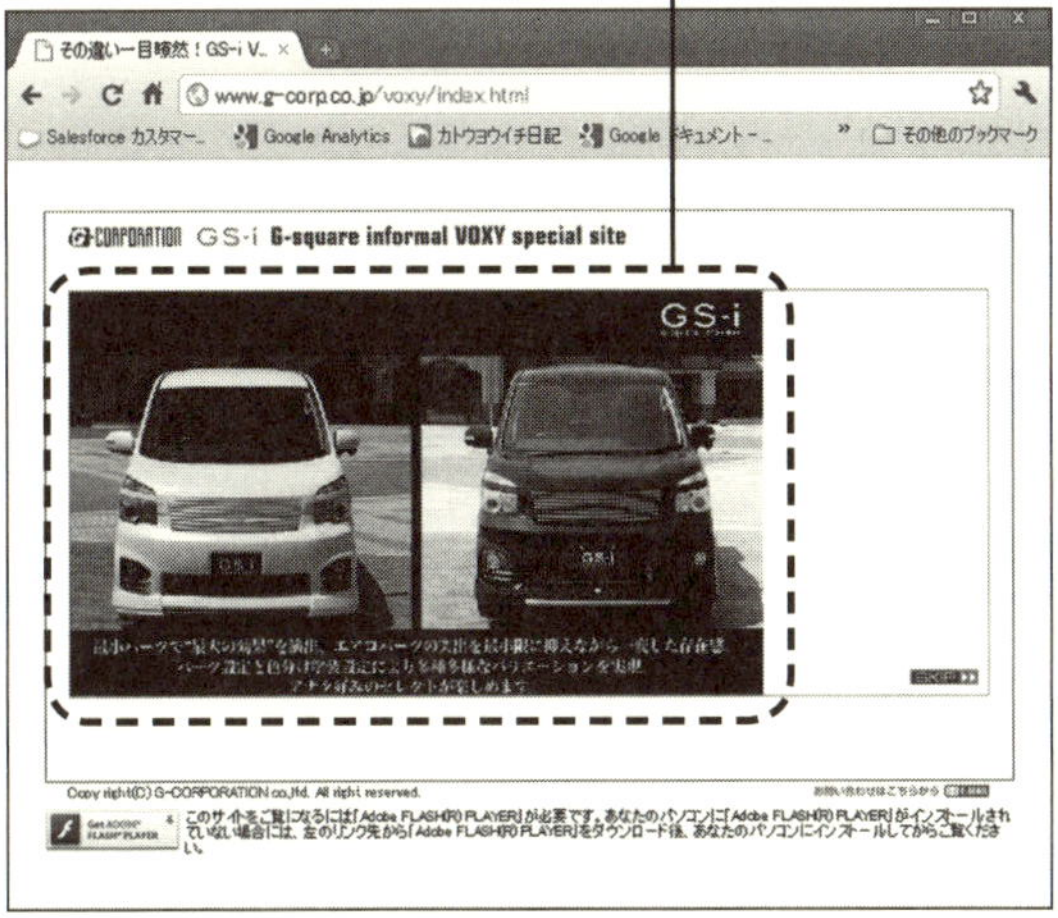

実践ポイント

ひと口に動画と言っても、さまざまなやり方があります。基本的には、カメラで撮った動画を加工して「YouTube」に投稿したものを、ホームページに設置するという方法があります。動画の加工はプロに任せますが、あくまでも高売れキャッチコピーは自社で考え、それを伝えるための構成や表現の仕方はプロと相談するといいでしょう。

最近では、製作コストもずいぶん下がってきているようなので、これを実施しない手はありません。やり方によっては絶大な効果を発揮することでしょう。

その9　展示会での使い方

ツールへの落とし込みのポイント

「3年間寿命保障！　ハイスカッターに比べて、切れ味が長持ちします」という高売れキャッチコピーを、展示会で使った事例です。

高売れキャッチコピーを訴求した看板を、通行人の目に入るポイントに陳列します【1】。POPの場合と同じく、色も他のブースにはない目立つものをおすすめします。

その他に、「その5　DMでの使い方」で説明したポイントと同様に高売れキャッチコピーで語っているものを連想させるイメージを一緒にセットします【2】。

【3】側面の壁に設置した看板

実践ポイント

この場合、出展するブースの位置と人の流れを把握することが大切です。よくある間違いとして、目立つ看板をブースの奥に取り付けてしまうことが挙げられます。

人通りに対して、最初に目に入るのは側面の壁になります【3】。ここに、最も注意を引くことができる高売れキャッチコピーの看板を設置します。注意を引くことができれば、ブース内に通行人を引き込むことができて、大成功を収めることにつながるでしょう。このやり方を実施した展示会では、例年の3倍以上の受注を達成しました。

【1】高売れキャッチコピー
を訴求した看板

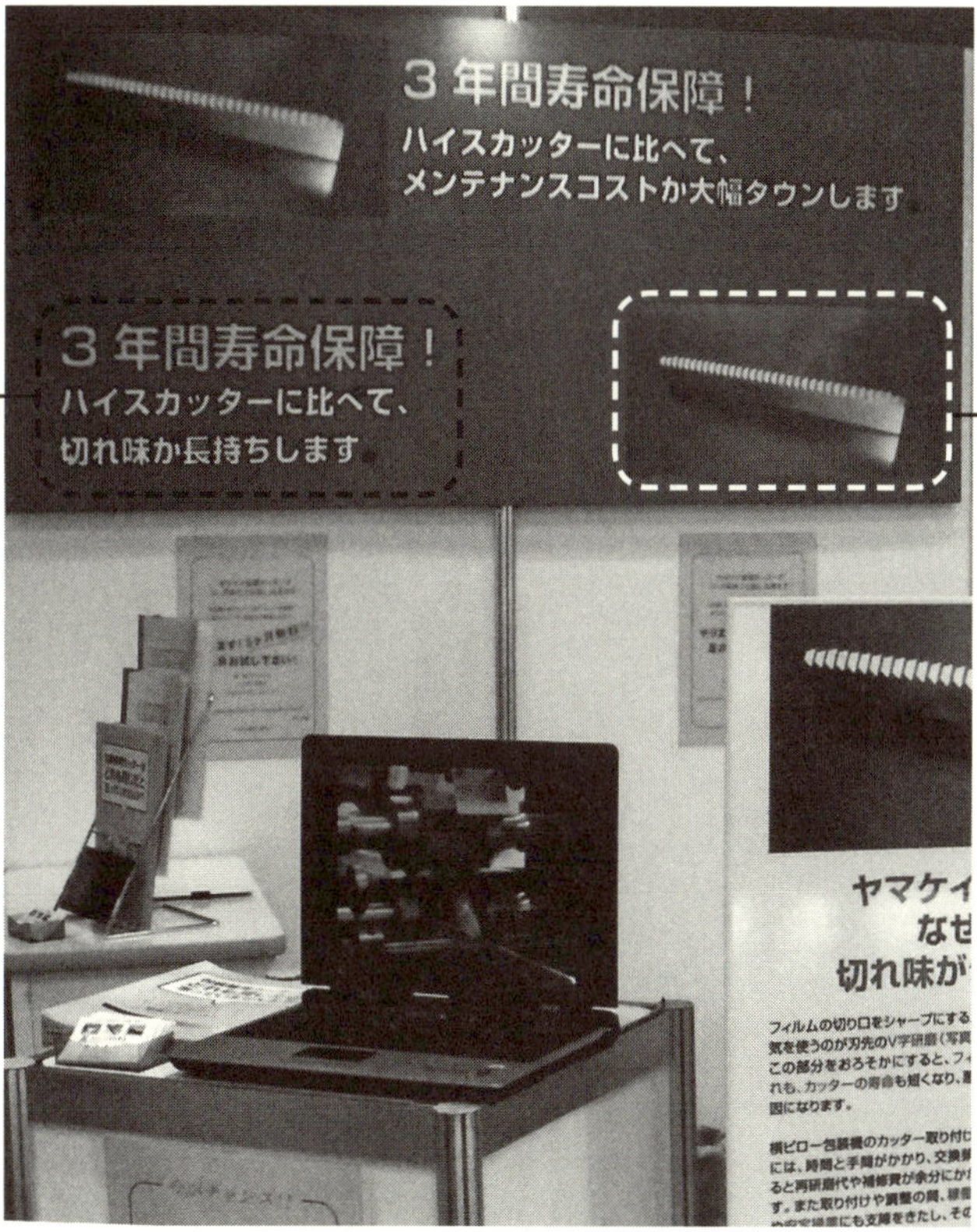

【2】高売れキャッチコピーで語って
いるものを連想させるイメージ

その10 FAXDMでの使い方

ツールへの落とし込みのポイント

「仕入れは100円ショップ以下！　売値は相場以上！　この価格で、このデザイン、この質感。お花を相場より20％以上アップで売れる鉢」という高売れキャッチコピーを、FAXDMで使ったものです。

新規の取引先をダイレクトに開拓したかったため、園芸店に対してFAXDMを行ないました。高売れキャッチコピー【1】をメインに置いて、あいさつ文【2】、特長【3】、無料サンプル請求【4】という流れを、A4用紙1枚分にコンパクトにまとめています。

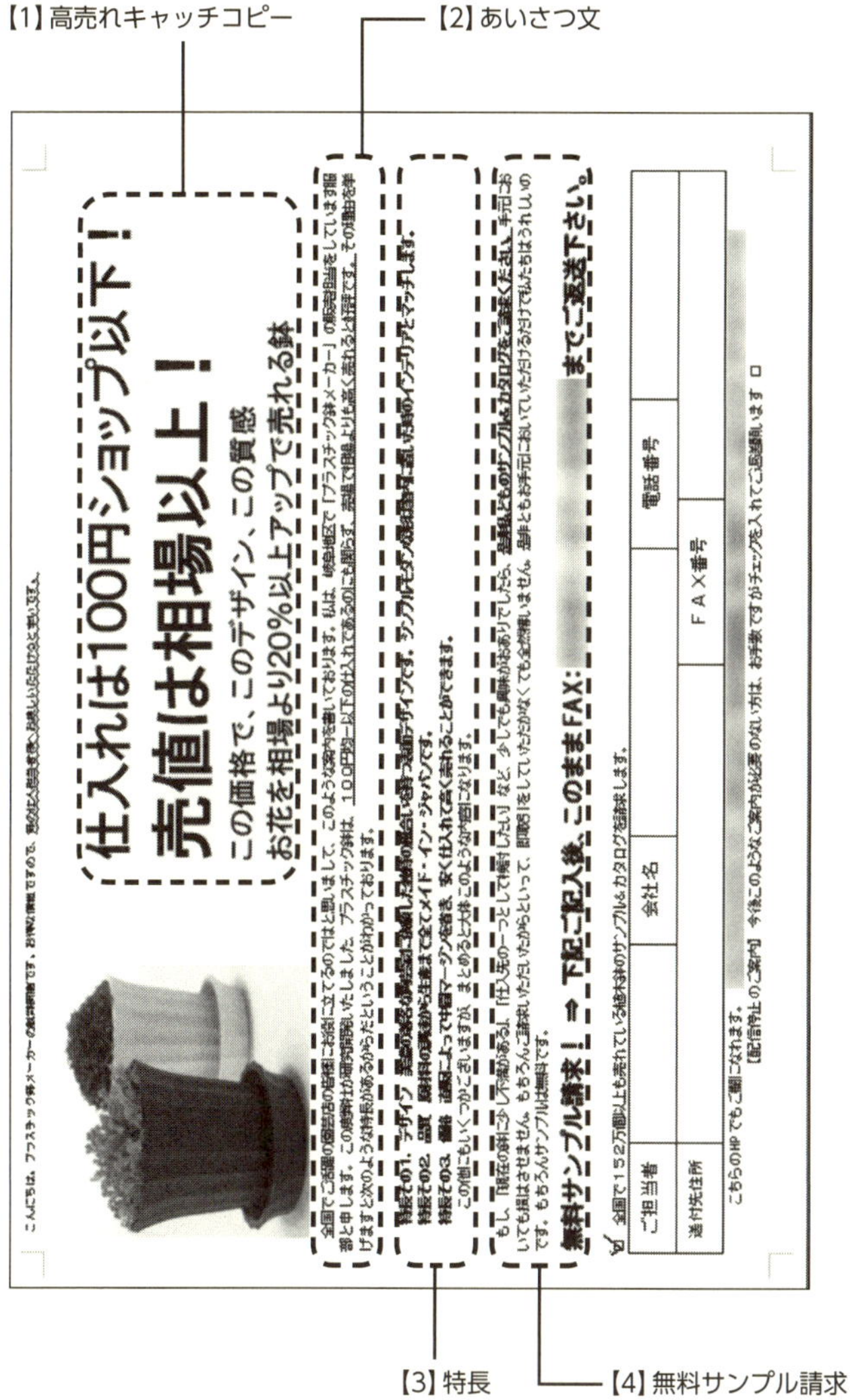
【1】高売れキャッチコピー
【2】あいさつ文
仕入れは100円ショップ以下！
売値は相場以上！
この価格で、このデザイン、この質感
お花を相場より20%以上アップで売れる鉢
全国でご活躍の園芸店の皆様にお役に立てるのではと思いまして、このような案内を書いております。私は、岐阜地区で「プラスチック鉢メーカー」の販売担当をしています服部と申します。この度弊社が研究開発いたしました プラスチック鉢は、100円均一以下の仕入れであるのにも関らず、売場で相場よりも高く売れると好評です。その理由を挙げますと次のような特長があるからだということがわかっております。
特長その2. 品質 原料の調達から生産まで全てメイド・イン・ジャパンです。
特長その3. 価格 直販によって中間マージンを省き、安く仕入れて高く売れることができます。
この他にもいくつかございますが、まとめると大体このような内容になります。
もちろんサンプルは無料です。
無料サンプル請求！ ⇒ 下記ご記入後、このままFAX: までご返送下さい。
全国で152万個以上も売れている植木鉢のサンプル&カタログを請求します。
ご担当者
会社名
電話番号
送付先住所
FAX番号
こちらのHPでもご覧になれます。
【配信停止のご案内】今後このようなご案内が必要のない方は、お手数ですがチェックを入れてご返送願います □
【3】特長
【4】無料サンプル請求

実践ポイント

ＦＡＸＤＭは、安い金額で新規見込み客が獲得できる手法であることから、〝法人向けセールスの王道〟と呼ばれていた時期がありました。

ただし、無配慮にＦＡＸＤＭを送る業者が増えたことから、クレームも多く来るということが懸念されているやり方でもあります。

しかしやり方によっては、まだまだ反応が取れます。ＦＡＸＤＭを奨励する業者が、「反応率は０・１％くらいです」と案内しているようですが、このＦＡＸＤＭは４％以上をキープしています。

また、クレームもほとんどありません。サンプル請求後の成約率も高率です。秀逸な高売れキャッチコピーを作って構成することが、クレーム防止、成約率向上の最も重要なポイントです。

以上、代表的な販促ツールの事例を見ていただきました。ご自身の会社に応用できるものを参考にしてください。その際、これまでご説明したポイントを忘れずに実践してください。

7章

たかがキャッチコピー、されどキャッチコピー

キャッチコピーを目にするお客様の数を数えたことがありますか？

さて、以上のようにしてでき上がった高売れキャッチコピーは、6章でご紹介したように、さまざまな販促ツールで使うことができます。

ところで、これらの販促ツール＝キャッチコピーは、お客様にどれくらい見られているか、考えたことはあるでしょうか？

ぜひ、この機会に想像してみてください。会社や店の規模にもよりますが、その数は決して少なくありません。たとえば、あなたの店が街のパン屋だったとします。

次のようなとき、お客様にキャッチコピーを見ていただいていることになります。

来店者（店内の販促ＰＯＰ）……1日あたり100人の来客

ホームページ……1日あたり100人の訪問者

折込チラシ……半年に1回3万部を撒く
と、これだけあったと仮定します。

販促ツールを通じてのお客様とのやりとりは、コミュニケーションにたとえられます。キャッチコピーは、さしづめ言葉です。このパン屋のコミュニケーションの回数は、1ヶ月あたりの平均回数に直すと**1万1000回となります。**これを、1年間にすると、何と**13万2000回です。**

※それぞれの販促ツールがどれくらい見てもらえるか、訪問者は何回リピートするかという点は、話を難しくしてしまうため、ここでは無視します。

実際、これだけのコミュニケーションが行なわれているのです。想像していたより多いと感じなかったでしょうか？　膨大な数にのぼるコミュニケーションによって、価格以外の埋もれている「価値」をお客様に伝えられたらどうなるでしょうか？

冒頭で、安売り競争は大手のやることだと申し上げたのは、小さな会社や店にとって、伝える価値が「価格」だけになるのは、本当に危険なことだからです。

ですから本書では、「価格」以外に埋もれている価値を伝えていただく手法をご説明してきました。本書を読んできたあなたは、これまで伝えることすらなかった、**価格以外の価値を10倍以上にすることができる**ようになっているはずです。

そうなると、年間13万2000回のコミュニケーションで伝わる価値が10倍になるのです。もうおわかりですね。

132万回も、価格以外の価値を伝えることができる手法を学んだことになるのです。その価値が、安売りに巻き込まれないための「特長」を伝えることに成功したのであれば、**安売り競争との訣別**は、案外簡単に実現できるとは思いませんか？

言葉の切れ味

切れ味がするどい言葉は、強力な力を発揮すると言われています。私も職業柄、本当にそのとおりだと実感しています。キャッチコピーは、言葉のひとつです。少し考えてみても、

たったひとつの言葉で、ビジネスに成功したのを知っています。

たったひとつの言葉で、その人の一生を勇気づけたのを知っています。

たったひとつの言葉で、その人の一生を全肯定したのを知っています。

その反面、**たったひとつの言葉で人を傷つけることも簡単にできます。**

このように言葉というのは、使い方によっては、たいへんな切れ味を発揮します。

あなたは、高売れキャッチコピーという切れ味鋭い「必勝の技」を覚えました。この技を磨いていった結果、得られるものは失われた**「誇り」**です。

今こそ、商人としての誇りを取り戻して、会社や店に関わるすべての人を幸せにしてあげてください。

あなたのご健闘をお祈りします。

おわりに

あるとき、いつものように仕事をしていると、「誇り」という文字が妙に気になりはじめました。そこで、仕事の合間に「誇り」という言葉について調べてみました。『漢字源』（学研）によると、「自ら頼みとするとりえ。自ら名誉とする感情」とありました。

コンサルティングをしていると、あまりにもセルフイメージが低く、安売り競争をしてしまっている方が多いことに気がつきました。それは同時に、「自ら頼みとするとりえ。自ら名誉とする感情」を置き忘れてしまっていることがいかに多いのか、という気づきでもありました。

それからというもの、私の仕事といえば、クライアントに誇りを持っていただくためにはどうすればいいか、という仮説と検証の繰り返しとなりました。その試行錯誤の結果が、本書でここまで述べてきた「高売れキャッチコピーの書き方」なのです。

本書を手に取ってくださった方が、少しでもご自分が取り扱う商品に「誇り」を持っていただけるようになれば、著者としてこの上ない喜びです。

最後になりましたが、事例をご提供くださったクライアントのみなさま、ありがとうございます。みなさまのご協力がなければ、このような本を書くことはできませんでした。そして、執筆の機会をいただきました同文舘出版の古市達彦氏に、この場を借りてお礼申し上げます。

株式会社マーケティング・トルネードの佐藤昌弘氏には、いつも知恵を与えていただいています。本書の書き方のステップの部分では、大きなヒントをいただきました。本当にありがとうございます。また、友人でありパートナーでもある、有限会社アカウント・プランニングの岡本達彦氏には、本書を執筆する際にも適切なアドバイスを数多くいただきました。本当にありがとうございます。

それから、日本の中小企業に元気を、という同じ志の元に集まっているパートナー会のみなさん、ありがとうございます。経営支援における専門分野のエキスパート集団から得られる知恵には、本当に助けていただいています。これからもがんばりましょう。

いつも支えてくれる父、弟、妻、そしてわが息子大誠。本当にいつもありがとう。あなたたちがいることで、私も安心して正面から仕事に取り組むことができます。

最後に。本書の執筆中に天国へ旅立ってしまった母へ。

振り返ってみると、あなたにはこれまで、ずいぶんと迷惑をかけた息子でした。それでもあなたは、こんな息子を暖かく見守ってくれました。そして、たくさんの大切なことを、あなたは教えてくれました。こんな僕を信じて見守ってくれていたことを感謝しています。私は、そんなあなたの背中を見ながら育ってきました。自分でビジネスをするようになってから、あなたが働く姿の尊さを改めて感じています。

最後に、もう一度だけ言わせてください。

私は、あなたの息子として生まれてきたことを誇りに思います。

あなたがそうであったように、私も自分の仕事に誇りを持って生きていきます。

親愛なる加藤志津代様へ

あなたの息子　加藤洋一より

著者略歴

加藤洋一（かとう　よういち）

マーケティングコンサルタント
その商品ならではのウリ（USP）を見つけ出すことを得意とし、販促活動を支援している。「高売れキャッチコピー」を使った施策は幅広く、規模・業種を問わず多くの中小企業の収益アップを成功させている。

趣味は居合道、城巡り、読書（歴史小説）。好物は、芋焼酎、焼き鳥。

著書に『御社の売上を増大させるUSPマーケティング　ウリ力を強化する差別化戦略』（明日香出版）、『小さな会社がNo.1になれるコア・ブランド戦略』（PHP研究所）などがある。

オフィシャルサイト　http://www.katoyoichi.com/

「高売れキャッチコピー」がスラスラ書ける本

平成23年6月2日　初版発行

著　者 —— 加藤洋一

発行者 —— 中島治久

発行所 —— 同文舘出版株式会社
東京都千代田区神田神保町1-41　〒101-0051
営業　03（3294）1801　　編集　03（3294）1802
振替　00100-8-42935　　http://www.dobunkan.co.jp

ISBN978-4-495-59361-2

印刷／製本：萩原印刷
Printed in Japan 2011